Sentier de
Saint-Jacques-de Compostelle
Le Chemin du Puy
Le Puy / Aubrac / Conques / Figeac

Fédération **F**rançaise de la **R**andonnée **P**édestre

association reconnue d'utilité publique
14, rue Riquet
75019 PARIS

Sommaire

Les informations pratiques
- Comment utiliser le topo-guide .... **p 4-5**
- Quelques idées de randonnées .... **p 6**
- Le balisage des sentiers .... **p 7**
- Avant de partir .... **p 9**
- Se rendre et se déplacer dans la région .... **p 10**
- Hébergement, restauration, commerces, services **p 10**
- S'équiper et s'alimenter pendant la randonnée . **p 14**
- Adresses utiles .... **p 15**
- Bibliographie, cartographie .... **p 16**
- Réalisation .... **p 20**

Les voies jacquaires .... **p 22**

Un bref aperçu de la région
- Un pays de hautes terres..................................... **p 24-29**

Les itinéraires
- Le sentier GR® 65 .... **p 31**

A la découverte de la région
- Le Puy-en-Velay .... **p 32**
- La dentelle au carreau .... **p 36**
- Souvenirs jacquaires du musée Crozatier .... **p 37**
- La perle du Velay / Traditions du Velay .... **p 40-41**
- La bête du Gévaudan .... **p 46**
- Un pays de traditions religieuses........................ **p 47**
- La Margeride / Faune de Margeride .... **p 56-57**
- L'Aubrac .... **p 62**
- Plantes de L'Aubrac / La Lozère religieuse .... **p 68-69**
- L'habitat en Lozère .... **p 69**
- La domerie d'Aubrac.. **p 72**
- Rites du départ / L'hygiène du pèlerin .... **p 76-77**
- Une lame bien trempée / Le sabot du Rouergue **p 86**
- L'habitat en Aveyron / Le pays d'Olt .... **p 87**
- Estaing et la tradition de la Saint-Fleuret .... **p 90**
- Pèlerinages majeurs et pèlerinages mineurs .... **p 90**
- L'aide au pèlerin .... **p 90**
- Le pèlerin et les reliques..................................... **p 91**
- Conques .... **p 98**
- Cadence de marche des pèlerins médiévaux ..... **p 104**

Comment utiliser le topo-guide

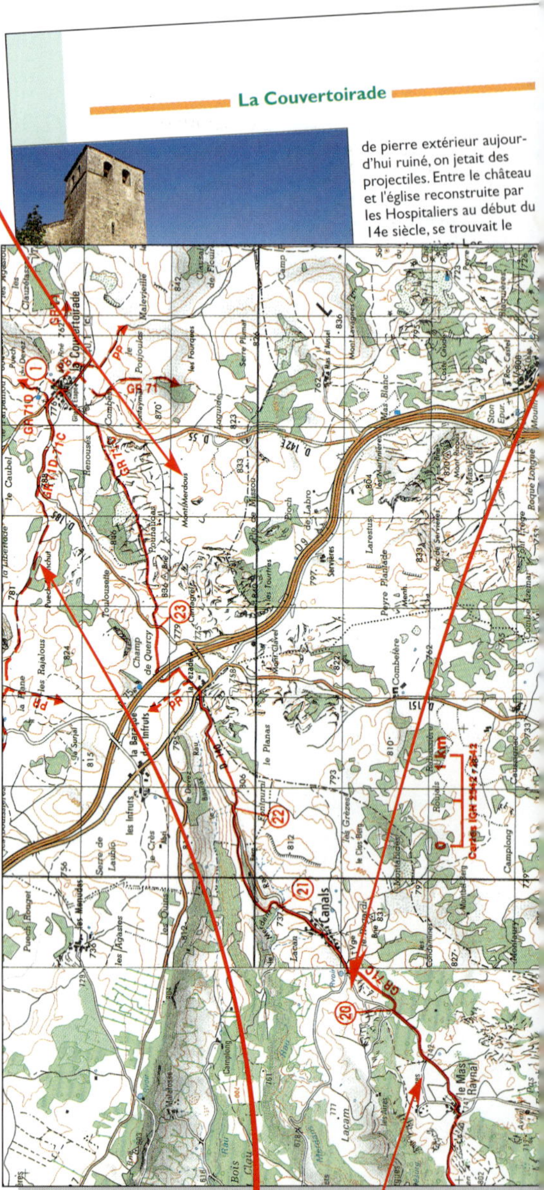

Pour comprendre la carte IGN

Courbes de niveau
Altitude • 974

Les courbes de niveau
Chaque courbe est une ligne (figurée en orange) qui joint tous les points d'une même altitude. Plus les courbes sont serrées sur la carte, plus le terrain est pentu. A l'inverse, des courbes espacées indiquent une pente douce.

Route
Chemin
Sentier
Voie ferrée, gare
Ligne à haute tension
Cours d'eau
Nappe d'eau permanente
Source, fontaine
Pont
Eglise
Chapelle, oratoire
Calvaire
Cimetière
Château
Fort
Ruines
Dolmen, menhir
Point de vue

D'après la légende de la carte IGN au 1 : 50 000.

Les sentiers de Grande Randonnée® décrits dans ce topo-guide sont **tracés en rouge** sur la carte IGN au 1 : 50 000 (**1 cm = 500 m**).

La plupart du temps, **les cartes sont orientées Nord-Sud** (le Nord est en haut de la carte). Sinon, la direction du Nord est indiquée par une flèche rouge.

La Couvertoirade

de pierre extérieur aujourd'hui ruiné, on jetait des projectiles. Entre le château et l'église reconstruite par les Hospitaliers au début du 14e siècle, se trouvait le

Autres sentiers de Grande Randonnée® dans la région.

Sentier décrit.

des Sentiers de Grande Randonnée® ?

Vous êtes ici

Pour découvrir **la nature** et **le patrimoine** de la région.

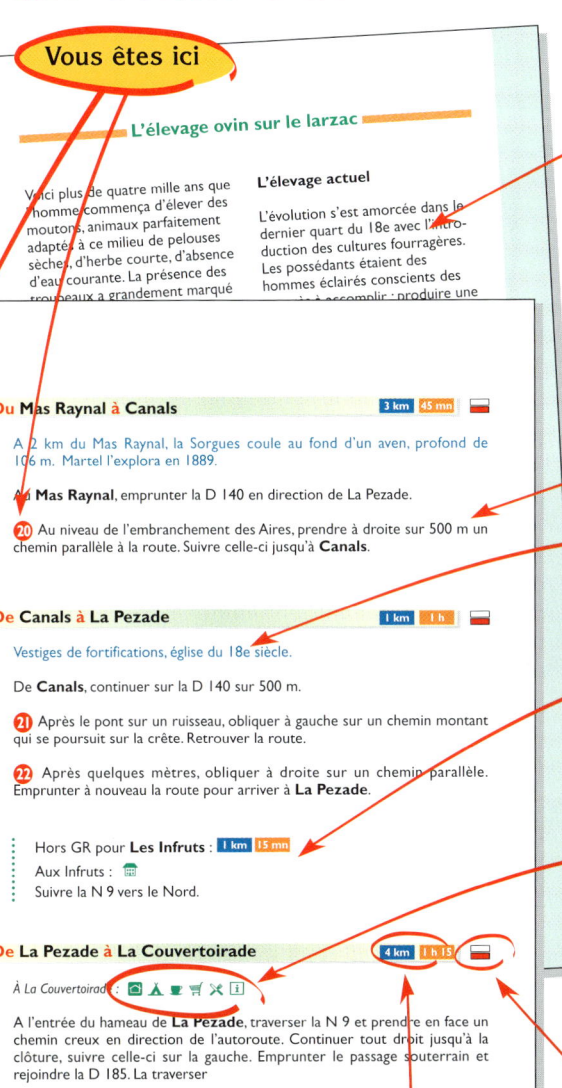

Description **précise** du sentier de Grande Randonnée®.

Quelques infos touristiques

Le Hors GR est un itinéraire, généralement **non balisé**, qui permet de rejoindre un hébergement, un moyen de transport, un point de ravitaillement. *Il est indiqué en tirets sur la carte.*

Pour savoir **où manger, dormir, acheter des provisions, se déplacer en train ou en bus**, etc.

(voir le tableau et la liste des hébergements et commerces).

Couleur du **balisage**.

Le temps de marche pour aller de **La Pezade** à **La Couvertoirade** est de 1 heure et 15 minutes pour une distance de 4 km.

Informations pratiques

Quelques idées de randonnées

■ **Les itinéraires décrits**

Le topo-guide décrit le Sentier de Grande Randonnée® GR® 65, du Puy-en-Velay à Figeac (252 km) et ses variantes (27 km).

■ **Quelques suggestions**

Nous avons sélectionné pour vous quelques circuits pour randonner le temps d'un week-end ou pendant vos vacances :

Deux jours

Premier jour : d'Aubrac à Rieutort par GR® 65 A : 19,5 km

Deuxième jour : de Rieutort-d'Aubrac à Aubrac par GR® 65 : 15,5 km
Voir pp. 79-75 et 67-71

Trois jours

Premier jour : de Conques à Decazeville : 20 km

Deuxième jour : de Decazeville à Montredon : 10 km

Troisième jour : de Montredon à Figeac : 19 km
Voir pp. 101-111

Quatre jours

Premier jour : du Puy-en-Velay à Montbonnet : 15 km

Deuxième jour : de Montbonnet à Saugues : 24 km

Troisième jour : de Saugues au Sauvage : 19 km

Quatrième jour : du Sauvage à Aumont-Aubrac : 27 km
Voir pp. 31-61

Sept jours

Premier jour : d'Aumont-Aubrac à Prinsuéjols : 16 km

Deuxième jour : de Prinsuéjols à Nasbinals : 16,5 km

Troisième jour : de Nasbinals à Saint-Chély-d'Aubrac : 17 km

Quatrième jour : de Saint-Chély-d'Aubrac à Saint-Côme-d'Olt : 16 km

Cinquième jour : de Saint-Côme-d'Olt à Estaing : 17 km

Sixième jour : d'Estaing à Golinhac : 16 km

Septième jour : de Golinhac à Conques : 21 km
Voir pp. 61-97

Le balisage des itinéraires

Le sentier GR® 65 et ses variantes sont balisés en blanc-rouge, à l'exception de la variante par le lac d'Andéol, en grande partie non balisée.

SUIVEZ LE BALISAGE POUR RESTER SUR LE BON CHEMIN.

LE BALISAGE DES SENTIERS	GR®	GRP®	PR®
Bonne direction			
Tourner à droite			
Tourner à gauche			
Mauvaise direction			

© FFRP Reproduction interdite

Topo-guide des sentiers de Grande randonnée, sentiers de Grande randonnée, GR, GR Pays, PR, «... à pied», « les environs de .... à pied » sont des marques déposées ainsi que les marques de couleur blanc/rouge et jaune/rouge. Nul ne peut les utiliser sans autorisation de la FFRP.

La randonnée : une passion FFRP !

Des sorties-randos accompagnées, pour tous les niveaux, sur une journée ou un week-end : plus de 2000 associations sont ouvertes à tous, dans toute la France.

Un grand mouvement pour promouvoir et entretenir les 180 000 km de sentiers balisés. Vous pouvez vous aussi vous impliquer dans votre département.

FFRP

Des stages de formations d'animateurs de randonnées, de responsables d'association ou encore de baliseurs, organisés toute l'année.

Une garantie de sécurité pour randonner bien assuré, en toute sérénité, individuellement ou en groupe, grâce à la licence FFRP ou à la RandoCarte.

Pour connaître l'adresse du Comité de votre département, pour tout savoir sur l'actualité de la randonnée et découvrir la collection des topo-guides :

www.ffrp.asso.fr

Centre d'Information de la FFRP
14, rue Riquet 75019 Paris - Tél : 01 44 89 93 93
Ouvert du lundi au samedi de 10h à 18h.

Avant de partir…

■ **Période conseillée, météo**

• La saison idéale pour parcourir l'itinéraire se situe de juin à octobre.

• Le tronçon du GR® situé au-dessus de 1 000 m (sur l'Aubrac) est impraticable en hiver. Attention au brouillard fréquent et parfois très épais.

• Si l'on veut éviter les troupeaux en Margeride et en Aubrac, il est conseillé de faire le parcours avant ou après l'estive, soit fin mai, début juin ou en octobre.

- Météo France Hte-Loire, tél. 08 92 68 02 43.
- Météo France Lozère, tél. 08 92 68 02 48.
- Météo France Aveyron, tél. 08 92 68 02 12.
- Météo France Lot, tél. 08 92 68 02 46.

■ **Difficultés**

• Le GR® 65 n'offre aucune difficulté aux randonneurs équipés convenablement.

A signaler : la descente de Rochegude à Monistrol-d'Allier qui, les jours de pluie, est glissante, compte tenu de la pente et de la nature du sol herbeux, ainsi que le passage des clôtures dans la région de l'Aubrac ; partout où cela a été nécessaire, des marchepieds ou des chicanes ont été aménagés.

■ **Les temps de marche**

Les temps de marche indiqués dans ce guide sont indicatifs. Ils correspondent à une marche effective d'un marcheur moyen. Attention ! Les pauses et les arrêts ne sont pas comptés.
Le rythme de marche est calculé sur la base de 4 km à l'heure.
Chacun adaptera son rythme de marche selon sa forme physique, la météo, le poids du sac, etc.

■ **Modifications d'itinéraires**

Le parcours correspond à la description qui est faite dans le topo-guide. Toutefois, dans le cas de modification d'itinéraire, il faut suivre le nouveau balisage qui ne correspond plus alors à la description. Ces modifications sont disponibles auprès du Centre d'information de la FFRP (voir rubrique Adresses utiles).
Les renseignements fournis dans le topo-guide, ainsi que les jalonnements et balisages, n'ont qu'une valeur indicative, destinée à permettre au randonneur de trouver plus aisément son chemin.

La responsabilité de la FFRP ne saurait donc être engagée.

Bien entendu, le balisage n'est pas une finalité, mais un moyen d'assistance et d'initiation : son objectif est de permettre aux randonneurs, voire aux promeneurs, de se déplacer dans le milieu naturel sans autre aide que celles de la carte, de la boussole, d'un jalonnement des lieudits et des points remarquables du paysage.

■ **Assurances**

Le randonneur parcourt l'itinéraire décrit, qui utilise le plus souvent des voies publiques, à ses risques et périls. Il reste seul responsable, non seulement des accidents dont il pourrait être victime, mais des dommages qu'il pourrait causer à autrui tels que feux de forêts, pollutions, dégradations…

Certains itinéraires empruntent des voies privées : le passage n'a été autorisé par le propriétaire que pour la randonnée pédestre exclusivement.

De ce qui précède, il résulte que le randonneur a intérêt à être bien assuré. La FFRP et ses associations délivrent une licence incluant une telle assurance.

Se rendre et se déplacer dans la région

■ SNCF
• Gares du Puy (ligne Saint-Etienne-Le Puy), Aumont-Aubrac (ligne Paris-Béziers), Figeac (ligne Paris-Rodez et Brive-Toulouse).
• Decazeville : cars SNCF Viviez-Decazeville.
• Renseignements SNCF, tél. 08 36 35 35 35 ou 3615 *SCNF* ou Internet : www.sncf.com

■ Cars
• Gare routière du Puy, tél. 04 71 09 25 60.
• Cars Hugon, Pré Vidal, 48000 Mende, tél. 04 66 65 03 81 (ligne Mende-St-Chély).
• Transbagages, Coktail avenue, 48000 Mende, tél. 04 66 65 27 75 ou 06 80 06 32 19.
• Car et taxi de l'Aubrac, 48260 Nasbinals, tél. 04 66 32 52 80/04 66 32 60 23/04 66 32 63 80.
• Autocar SEYT, tél. 04 66 31 31 31.
• Cars Verdié, 51, rue Droite, 12500 Espalion, tél. 05 65 44 00 68 (ligne Rodez-Espalion).
• Tourisme Aveyron-Cars, 12330 Saint-Christophe Vallon, tél. 05 65 72 64 56 (ligne Rodez-Marcillac).
• Gare routière de Rodez, tél. 05 65 68 11 13.
• SARL Cars Delbos, BP 63, 46102 Figeac, tél. 05 65 34 00 70.

■ Aéroport le plus proche
• Rodez-Marcilhac, 35 km de Conques, liaisons quotidiennes avec Paris, tél. 05 65 76 02 00.

Hébergement, restauration, commerces, services

■ Se loger
On peut se loger chaque soir sur l'itinéraire ou à proximité immédiate. Les formules d'hébergement sont diverses et variées (gîtes d'étape, refuges, hôtels, chambres d'hôtes ou chez l'habitant, campings, etc.). Pour les gîtes d'étapes et refuges, renseignez-vous auprès du logeur pour savoir s'il faut emporter son sac ou son drap de couchage. La réservation est vivement recommandée (des arrhes pourront vous être demandées). La liste présentée se veut exhaustive, sans jugement sur la qualité de l'accueil et le confort. Certains de ces établissements possèdent un label (Gîtes de France, Gîtes Panda, Rando Plume, Rand'hôtel, Balad'hôtel, Logis de France, etc) que nous indiquons.

■ Se restaurer
Un bon petit-déjeuner pour commencer la journée, un bon dîner le soir à l'étape : c'est cela aussi la randonnée. Là encore, les formules sont variées (repas au gîte, à l'hôtel, tables d'hôtes, restaurants, fermes-auberges, etc.). Dans certains gîtes d'étape, on peut préparer soit même son dîner et petit déjeuner, renseignez-vous auprès des propriétaires. Un forfait demi-pension est souvent proposé (nuit, dîner, petit déjeuner).

Chaque année, les Comités départementaux du tourisme (CDT) et de la randonnée pédestre (CDRP), l'Office du tourisme du Puy-en-Velay et l'Association *Sur les Pas de Saint-Jacques* éditent un guide de services permettant de simplifier l'organisation de la randonnée entre Le Puy-en-Velay et Figeac : gîtes d'étape, hôtels, chambres d'hôtes, restaurants, médecins, pharmaciens, ravitaillement, taxis, banques, PTT, etc. y sont mentionnés. Ce document peut être obtenu par simple appel téléphonique ou par correspondance auprès du Comité départemental du tourisme de la Haute-Loire (*voir Adresses utiles*).

■ Liste des hébergements

• Le Puy-en-Velay (43000)
- Auberge de jeunesse, Centre Pierre-Cardinal, 9 rue Jules-Vallès, 72 pl., tél. 04 71 05 52 40.
- Gîte d'étape *des Capucins*, 29, rue des Capucins, 19 places, tél. 04 71 04 28 74.
- Gîte d'étape *Saint-François*, rue Saint-Mayol, 19 places, tél. 04 71 05 98 86.
- Gîte d'étape *Ferme Bel-Air*, rue des Sources, 18 places, tél. 04 71 02 73 39.
- Camping municipal *de Bouthezard*, ch. de la Roderie, tél. 04 71 09 55 09 ou 06 15 08 23 59.

• Saint-Christophe-sur-Dolaizon (43370)
- Chambres d'hôtes, M. et Mme Allègre, Tallode, tél. 04 71 03 17 78.

• Bains (43370) (variante)
- Chambres d'hôtes, M. et Mme Pelisse, Jalasset, tél. 04 71 57 52 72.
- Chambres d'hôtes, M. et Mme Raveyre, tél. 04 71 57 51 79.

• Montbonnet (43370 Bains)
- Gîte d'étape *L'Escole*, 15 places, demi-pension sur réservation, M. Gorde, tél. 04 71 57 51 03 ou 06 88 09 56 72.
- Chambres et table d'hôtes, M. de Grossouvre, tél. 06 84 62 77 25.

• Fay (43370 Bains) (variante), chambres et table d'hôtes, Mme de Rancourt, tél. 04 71 57 55 19.

• Saint-Privat-d'Allier (43580)
- Gîte d'étape, 25 places, M. et Mme Dufour-Moing, tél. 04 71 57 25 50.
- Camping communal *Le Marchat*, mairie, tél. 04 71 57 22 13.

• Monistrol-d'Allier (43580)
- Chbres d'hôtes, M. Ditsch, tél. 04 71 57 24 38.
- Halte randonneurs *Las Tsabone*, 10 places, M. Védrenne, tél. 04 71 57 24 85.
- Centre d'accueil communal, 20 places, Mlle Gerbier, tél. 04 71 57 22 22 (après 18 h).
- *Hôtel des Gorges*, 5 chambres du pèlerin, tél. 04 71 57 24 50.

• Saugues (43170)
- Gîte d'étape communal, mairie, tél. 04 71 77 71 30 (heures de bureau) ou à l'Office de tourisme, tél. 04 71 77 71 38.
- Camping municipal, ouvert du 15/06 au 15/09, tél. 04 71 77 80 62.
- Centre d'Accueil Sports et vacances en Margeride, rue des Tours-Neuves, tél. 04 71 77 60 97.
- Chambres et table d'hôtes, rte du Puy, M. Gauthier, tél. 04 71 77 86 92.
- Chambres et table d'hôtes, rue des Roches, ouvert toute l'année, M. et Mme Martins, tél. 04 71 77 83 45.

- Chambres et table d'hôtes, Mme Bringier, Les Salles Jeunes, tél. 04 71 77 86 22.
- Chambres et table d'hôtes, M. et Mme Blanc, Le Rouve, tél. 04 71 77 64 15.

• Le Falzet (43170 Chanaleilles)
- Halte randonneurs, ouvert toute l'année, 6 places, Mme Delcros, tél. 04 71 74 42 28.

• Chanaleilles (43170)
- Halte randonneurs, 12 places, restauration, Mme Richard, tél. 04 71 74 41 63.

• Domaine du Sauvage (43170 Chanaleilles)
- Gîte d'étape, 19 places, Mme Chausse, tél. 04 71 74 40 30.

• Les Faux (48120 Saint-Alban) (hors GR)
- Gîte d'étape *L'Oustal de Parent*, 34 pl. et 7 chbres, possibilité de repas, tél. 04 66 31 50 09.

• Saint-Alban-sur-Limagnole (48120)
- Gîte d'étape *Hôtel du Centre*, 18 places, Mme Gomez, tél. 04 66 31 50 04.
- *Hôtel de la Mairie*, Place du Breuil, 10 places, tél. 04 66 31 58 10.
- Hôtel *Le Relais Saint-Roch*, château de la Chastre, 10 places, tél. 04 66 31 55 48.

• Les Estrets (48700 Fontans)
- Gîte d'étape, 20 places, repas possible, M. Rousset, tél. 04 66 31 27 74.

• Aumont-Aubrac (48130)
- Gîte d'étape *du Barry*, 30 places, M. Bossuge, tél. 04 66 42 85 88.
- Gîte d'étape Aubrac-hôtel, 26 places, M. Pic, tél. 04 66 42 89 40.
- Hôtel *Prouhèze*, av. de la Gare, 20 places, tél. 04 66 42 80 07.
- Hôtel *Prunière*, place du Relais, 20 places, tél. 04 66 42 80 14.
- Hôtel *Chez Camillou*, 10 rte du Languedoc, 20 places, tél. 04 66 42 80 22.
- Hôtel *Le Relais de Peyre*, 9 rte du Languedoc, 20 places, tél. 04 66 42 90 25.
- Camping municipal, mairie, tél. 04 66 42 80 02.

• Les Quatre-Chemins (48130 La Chaze-de-Peyre)
- *Auberge des Quatre-Chemins*, chambre d'hôtes, bar-restaurant, 10 places, Mme Soulier, tél. 04 66 42 83 36.

• Les Gentianes (48100 Prinsuéjols)
- Gîte d'étape et chambres d'hôtes, 27 places, Mme Corriger, tél. 04 66 32 52 77.

• Prinsuéjols (48100) (hors GR)
- Gîte d'étape, auberge rurale, 50 places, tél. 04 66 32 52 94.

• Malbouzon (48270) (fors GR)
- Centre d'acceuil, 70 pl., tél. 04 66 32 54 68.

- **Marchastel (48260) (hors GR)**
- Chambre d'hôtes, 6 places, Mme Boyer, tél. 04 66 32 52 94.

- **Montgros (48260 Nasbinals)**
- Gîte d'étape et chambre d'hôtes, *Auberge de Rosalie*, 20 places, Mme Mangonie, tél. 04 66 32 55 14.

- **Nasbinals (48260)**
- Gîte d'étape communal, 20 places, Mme Andrieu, tél. 04 66 32 55 73.
- Gîte d'étape, 15 places, M. Grappe, tél. 04 66 32 15 60.
- Gîte d'étape équestre, route de St-Urcize, 20 places, M. Moisset, tél. 04 66 32 50 65.
- Centre ALOJ, 20 placs, tél. 04 66 32 50 42.
- Hôtel *Bastide*, place de l'Eglise, 60 places, tél. 04 66 32 50 03.
- Hôtel *Le Bastide*, rte de Marvejols, 20 places, tél. 04 66 32 56 82.
- Hôtel *La Randonnée*, rte La Rosée du Matin, 20 places, tél. 04 66 32 54 07.
- Hôtel *Issarny*, 10 pl., tél. 04 66 32 50 19.
- Camping municipal, ouvert du 25/05 au 30/09, tél. 04 66 32 51 87.

- **Aubrac (12470)**
- Gîte d'étape communal dans la Tour des Anglais, ouvert en juillet-août, 20 places, réservation SI de St-Chély, tél. 05 65 42 21 15.
- *Royal Aubrac*, fermé en juillet-août, réservation au 05 65 44 28 41.

- **Saint-Chély-d'Aubrac (12470)**
- Gîte d'étape communal, mairie, 16 places, tél. 05 65 44 27 08 ou (SI) 05 65 44 21 15.
- Gîte d'étape, accessible aux handicapés, Mme Auguy, tél. 05 65 44 27 02.
- Gîte de groupe, 30 places, M. Marfin, tél. 05 65 44 26 25.
- Couvent Sœurs de St-Joseph, tél. 05 65 44 28 83.

- **Saint-Côme-d'Olt (12500)**
- Gîte d'étape communal, 9, rue Barrieyre, ouvert de mars à fin octobre, Mme Kravier, tél. 05 65 48 18 84.

- **Espalion (12500)**
- Gîte d'étape communal, rue A. Canel, ouvert toute l'année, 8 places, tél. (mairie) 05 65 51 10 30 ou Mme Durao, tél. 06 77 58 53 08.
- A 1 km : VVF Gîte Clair *Le Rouergue*, 66, av. de St-Pierre, tél. 05 65 44 02 15.
- A 1 km : Centre d'hébergement, avenue de Saint-Pierre, tél. 05 65 48 04 08.
- Hébergement et abri, camping *Belle Rive*, tél. 05 65 44 05 85.
- Camping *Le Roc de l'Arche*, tél. 05 65 44 06 79.

- **Estaing (12190)**
- Gîte d'étape communal, ouvert toute l'année, tél. 05 65 44 71 74.
- Hospitalité Saint-Jacques, rue du Collège, tél. 05 65 44 19 00.

- **Golinhac (12140)**
- Gîte d'étape *Les Chalets de Saint-Jacques*, lieu-dit Le Radal, 31 places, tél. 05 65 44 50 73.

- **Le Battedou (12140 Golonhac) (hors GR®)**
- Gîte privé, 12 places, chambres et dortoir, grange aménagée, table d'hôte, M. Tison, tél. 05 65 48 61 62.

- **Espeyrac (12140)**
- Gîte d'étape communal, 12 places, ouvert d'avril à octobre, mairie, tél. 05 65 69 88 69 ou 05 65 72 93 46.

- **Sénergues (12320)**
- Gîte d'étape *Domaine de Sénos*, 36 places, tél. 05 65 72 91 56.

- **Pressoires (12320 Conques) (hors GR)**
- Acceuil des randonneurs et pèlerins, 9 places, restauration sur reservation, Mme Hart, tél. 05 65 72 93 44.

- **Conques (12320)**
- Gîte d'étape communal, 23 places, Mme Joffre, tél. 05 65 72 85 56.
- Résidence d'Adon, 80 places, Mme Guibert, tél. 05 65 72 82 98.
- Centre d'accueil Abbaye Sainte-Foy, communauté des Prémontrés, 90 places, tél. 05 65 69 85 12.

- **Noailhac (12320) (sur la variante)**
- Gîte d'étape, 18 places, Mme Larivière, tél. 05 65 72 91 25.
- Gîte à Montbroussous (hors variante, sur la D 502), 7 places, tél. 05 65 72 85 74.

- **Prayssac (12320)**
- Chambres et tables d'hôtes, L'Ostalado, 5 chambres, M. Tetaz, tél. 05 65 43 09 73.

- **La Buscalie-Haute (12110 Aubin-Decazeville) (hors GR)**
- Gîte d'étape *Le Buscalien*, chambre et table d'hôtes, tél. 05 65 63 63 23.

- **Livinhac-le-Haut (12300)**
- Gîte d'étape M. Gleyal, *café de la Mairie*, 30 places, tél. 05 65 63 33 85 ou 05 65 63 33 84.

- **Montredon (46270)**
- Chambres et table d'hôtes, *La Mariotte*, Mme Debray, tél. 05 65 34 38 20.

- **La Cassagnole (46100 Faycelles)**
- Gîte d'étape (35 places) et chambres d'hôtes *Le Relais Saint-Jacques* (*Rando Etape*), M. et Mme Lefrançois, tél. 05 65 34 03 08.

Malgré nos vérifications, des oublis ou erreurs ont pu se glisser, notamment dans la liste d'hébergements. De nouveaux établissements ont pu s'ouvrir, d'autres fermer, des numéros de téléphone ont pu changer, depuis l'édition de ce topo-guide. Merci de nous le signaler ; nous en tiendrons compte dans la prochaine édition.

▶ Pour faciliter la lecture du tableau ci-dessous, les communes sont citées dans le sens du parcours décrit dans le topo-guide. Pour calculer la longueur d'une étape, il suffit d'additionner les chiffres de la colonne de gauche et d'ajouter, si votre lieu d'hébergement se situe hors GR, la distance figurant entre parenthèses.

distance en km	LOCALITÉS	Pages	🏠	🏨	🛏	⛺	🛒	✕	☕	🚌	🚉
	LE PUY-EN-VELAY GR 65	31	•	•			•	•	•	•	•
8	SAINT-CHRISTOPHE-SUR-DOLAIZON	35			•		•	•	•		
3,5	▶ BAINS (à 4 km par la variante)	43		•	•		•	•	•		
3,5	MONTBONNET	39	•			•			•	•	
8	SAINT-PRIVAT-D'ALLIER	45	•	•			•	•	•	•	
5,5	MONISTROL-D'ALLIER	49	•	•	•	•	•	•	•	•	•
12	SAUGUES	51	•	•	•	•	•	•	•	•	
9,5	LE FALZET	53			•						
3,5	▶ CHANALEILLES (hors GR à 0,5 km)	53			•		•	•	•		
6	LE SAUVAGE	53	•					•			
13	▶ LES FAUX (hors GR à 1 km)	55	•					•	•		
5,5	SAINT-ALBAN-SUR-LIMAGNOLE	59	•	•		•	•	•	•	•	
7,5	LES ESTRETS	61	•								
7	AUMONT-AUBRAC	61	•	•		•	•	•	•	•	•
10,5	LES QUATRE-CHEMINS	65		•				•	•		
2,5	▶ PRINSUÉJOLS (hors GR à 3 km)	65	•		•			•	•		
3	FERME DES GENTIANES	65	•		•						
0	▶ MALBOUZON (hors GR à 1,5 km)	67	•				•	•	•		
4,5	▶ MARCHASTEL (GR 65 A, à 2 km)	67			•						
3,5	MONTGROS	67	•					•	•		
3	NASBINALS	71	•	•		•	•	•	•		
9	AUBRAC	71	•	•				•	•		
8	SAINT-CHÉLY-D'AUBRAC	81	•	•		•	•	•	•		
16	SAINT-CÔME-D'OLT	85	•	•		•	•	•	•		
6	ESPALION	85	•	•		•	•	•	•	•	
11	ESTAING	89	•	•		•	•	•	•	•	
16	GOLINHAC	93	•				•	•	•		
0	▶ LE BATTEDOU (hors GR à 2 km)	93	•								
8,5	ESPEYRAC	95	•	•			•	•	•		
3,5	SÉNERGUES	95	•			•	•	•	•		
3,5	▶ PRESSOIRES (hors GR à 1 km)	97			•						
5,5	CONQUES	97	•	•		•	•	•	•		
3	▶ NOAILHAC (à 5 km par la variante)	101	•		•		•	•			
7,5	PRAYSSAC	103			•						
9,5	DECAZEVILLE	103	•	•			•	•	•	•	
4	LIVINHAC-LE-HAUT	107	•			•	•	•	•		
6	MONTREDON	109			•						
19	FIGEAC	111		•		•	•	•	•	•	•

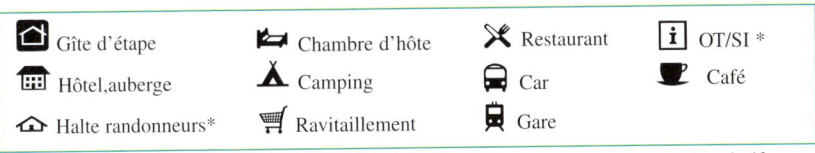

🏠 Gîte d'étape   🛏 Chambre d'hôte   ✕ Restaurant   ℹ OT/SI *
🏨 Hôtel, auberge   ⛺ Camping   ☕ Car   ☕ Café
🏡 Halte randonneurs*   🛒 Ravitaillement   🚉 Gare

* ne figurent que dans le descriptif.

13

S'équiper et s'alimenter pendant la randonnée

■ S'équiper pour une randonnée

Pour partir à pied plusieurs jours dans la nature, mieux vaut emporter un minimum d'équipement :

– des vêtements de randonnée adaptés à tous les temps (vent, froid, orage, pluie, neige, chaleur, etc.) ;

– des chaussures de marche adaptées au terrain et à vos pieds ;

– un sac à dos ;

– un sac et un drap de couchage pour certains gîtes d'étape ou refuges qui ne fournissent pas le nécessaire ou si vous campez. N'oubliez pas de demander lors de votre réservation.

– des accessoires indispensables (gourde, couteau, pharmacie, lampe de poche, boussole, grand sac poubelle pour protéger le sac à dos, chapeau, bonnet, gants, lunettes de soleil et crème solaire, papier toilette et couverture de survie).

Plus votre sac sera léger, plus votre randonnée sera agréable.

Dans le commerce, vous n'aurez que l'embarras du choix pour vous équiper. Demandez conseil à un vendeur.

■ S'alimenter pendant la randonnée

Pensez à vous munir d'aliments énergétiques riches en protéines, glucides et fructose, tels que des barres de céréales, pâtes de fruits, fruits secs. Le chocolat est également un bon aliment énergétique, mais il présente l'inconvénient de fondre à l'intérieur du sac.
Pensez aussi à boire abondamment, mais attention à ne pas prendre n'importe quelle eau en milieu naturel.
Munissez-vous dans ce cas de pastilles purificatrices.

Adresses utiles

■ Randonnée
Pour adhérer à une association de randonneurs et entretenir les sentiers ou pour obtenir des informations sur les sentiers.

• Centre d'information *Sentiers et Randonnée* de la FFRP, 14, rue Riquet, 75019 Paris, tél. 01 44 89 93 93, e-mail : info@ffrp.asso.fr, Internet : www.asso.fr

• Comité départemental de la randonnée pédestre en Haute-Loire, Espace Randonnée Pédestre *La Croisée des Chemins*®, 23, Boucherie Basse, 43000 Le Puy-en-Velay Cedex, tél. 04 71 04 15 95, fax. 04 71 09 08 41.
Internet www.lacroiséedeschemins.com, e.mail : randohauteloire @ wanadoo.fr.

• Comité départemental de la randonnée pédestre de Lozère, au CDT de la Lozère, 14, boulevard H. Bourrillon, 48000 Mende, e-mail : cdrp48@worlonline.fr, tél. 04 66 61 13 77.

• Comité départemental de la randonnée pédestre de l'Aveyron, Maison du Tourisme, 17, rue Aristide Briand, BP 831, 12008 Rodex cedex, tél. 05 65 75 54 61.

• Comité départemental de la randonnée pédestre du Lot, 107, quai Cavaignac, BP 7, 46001 Cahors Cedex 9, tél. 05 65 35 07 09.

■ Comités départementaux du tourisme
Pour tout savoir sur les séjours, activités, transports et hébergements dans la région.

• Comité départemental du tourisme de la Haute-Loire, 1, place Montseigneur-de-Gallard, BP 332, 43012 Le-Puy-en-Velay Cedex, tél. 04 71 07 41 54, fax. 04 71 07 41 55.

• Comité départemental du tourisme de Lozère, 14, boulevard H. Bourrillon, BP 4, 48000 Mende, tél. 04 66 65 60 00.

• Comité départemental du tourisme de l'Aveyron, Maison du Tourisme, 17, rue Aristide Briand, BP 831, 12008 Rodex cedex, tél. 05 65 75 55 75.

• Comité départemental du tourisme du Lot, 107, quai Cavaignac, BP 7, 46001 Cahors Cedex 9, tél. 05 65 35 07 09.

■ Offices de tourisme et Syndicats d'initiative (OT/SI)
Pour en savoir plus sur les communes et sur les taxis.

• OT, *Halte sur les Chemins de Saint-Jacques*, place de Breuil, 43000 Le Puy, tél. 04 71 09 38 41.

• SI, *Halte sur les Chemins de Saint-Jacques*, mairie, 43170 Saugues, tél. 04 71 77 84 46.

• OT et SI, le Château, 48120 Saint-Alban-sur-Limagnole, tél. 04 66 31 57 01.

• SI, 48130 Aumont-Aubrac, tél. 04 66 42 88 70.

• OT et SI, 48260 Nasbinals, tél. 04 66 32 55 73.

• SI, route d'Espalion, 12470 Saint-Chély-d'Aubrac, tél. 05 65 44 21 15.

• OT, rue Saint-Antoine, 12500 Espalion, tél. 05 65 44 10 63.

• SI, rue François- d'Estaing, 12190 Estaing, tél. 05 65 44 03 22.

• OT, place de l'Eglise, 12320 Conques, tél. 05 65 72 85 00.

• OT, avenue Cabrol, 12300 Decazeville, tél. 05 65 43 18 36.

• OT, place Vival, 46100 Figeac, tél. 05 65 34 06 25.

■ Autres adresses
• *Société des Amis de Saint Jacques*, BP 368.16, 75768 Paris Cedex 1.

• Association *Compostelle 2000*, 54, rue Ducouëdic, 75014 Paris, tél. 01 43 20 71 66.

• Association de Coopération interrégionale *Les Chemins de Saint-Jacques*, 42, rue des Saules, 31400 Toulouse, tél. 05 61 25 57 31.

• Association *Sur les Pas de Saint-Jacques,* Hôtel de Ville, 48130 Aumont-Aubrac (courrier : BP 3, 48120 Saint-Alban, tél. 04 66 31 13 34).

Bibliographie, cartographie

■ Ouvrages sur le pèlerinage de Saint-Jacques

- Barret et Gurgand, *Priez pour nous à Compostelle*, éd. Hachette 1999.
- Bottineau Y., *Les Chemins de Saint-Jacques*, éd. Arthaud, 1993.
- Bourdarias (J.) et Wasielewski (M.), *Guide des Chemins de Compostelle*, éd. Fayard.
- Barral i Altet, (X.), *Compostelle, le grand chemin*, éd. Gallimard (Découvertes), 1993.
- Bourdarias (J.) et Wasielewski (M.), *Guide européen des Chemins de Compostelle*, éd. Fayard, 1997.
- Clouteau (J.), *Miam-Miam Dodo*, éditions du Vieux Crayon, guide 1999.
- Grégoire (J.Y.), *Chemins d'Etoiles*, Rando éditions, 1998.
- Huchet (P.) et Boelle (Y.), *Les Chemins de Compostelle*, éd. Ouest-France, 1996.
- Laborde-Balen (L.) et Day (R.), *Les Chemins de Saint-Jacques du Puy-en-Velay à Roncevaux*, Randonnées Pyrénéennes.
- Oursel (R.), *Pèlerins du Moyen Age*, éd. Fayard, 1989.
- (H.) de Torcy, *Carnet de route pour Compostelle*, éd. Fayard, 1998.

■ Ouvrages géographiques et historiques sur la région

- Guides Bleus, *Auvergne et Cévennes-Languedoc*, éd. Hachette.
- Guides Verts, *Vallée du Rhône, Auvergne, Gorges du Tarn – Cévennes – Bas-Languedoc et Périgord-Quercy*, éd. Hachette.
- Guide *Auvergne–Haute Loire*, éd. Gallimard.
- Guide du Routard, *Auvergne–Limousin*, éd. Hachette.
- *Lozère–Aveyron*, guide de la Manufacture.
- Comte L., *Le Puy-en-Velay, ville aux huit merveilles*, éd. La Cathédrale Notre-Dame-du-Puy (s'adresser au 22, rue Cardinal-de-Polignac, 43000 Le Puy).
- Cazave J., *Rouergue*, éd. Salingardes.
- Delmas C., Fau J-C., *Conques*, éd. du Beffroi, 1989.
- Fau J-C., *Rouergue roman*, 3e édition, 1990.
- Oursel R., *Routes romanes*, 3 volumes, 1982, 1984, 1986.
- *Margeride, Aubrac et Lozère, Vivre en Lozère*, Lachamp éditeur.
- *Lozère, Margeride, Aubrac*, numéro spécial du bulletin Haute-Lozère, 1972.
- *L'Aubrac*, Centre national de la recherche scientifique.
- *Histoires du Rouergue*, éd. Privat, 1987.
- *Rouergue*, éd. Bonneton.
- *Le Rouergue roman*, La-Pierre-qui-Vire, éd. du Zodiaque.
- *A la découverte du Nord-Aveyron*, éd. Privat.
- *Croix de pierre du Rouergue*, éd. Subervie.
- *Aubrac, son ancien hôpital, ses montagnes, sa flore*, J.B. Deltour.
- *Conques et son trésor, Panorama*, Les Editions de la Cité, 4, bd d'Estournel, 12000 Rodez.
- *L'Abbaye de Conques*, Bibliothèque du Travail n° 868, BP 282, 06403 Cannes Cedex.

■ Ouvrages divers

- *Gîtes et refuges*, A. et S. Mouraret, Rando Editions.

■ **Cartographie**

• Cartes IGN au 1 : 25 000 n° 2735 E et O, 2736 E et O, 2636 E, 2637 O, 2537 O et E, 2538 O, 2438 E et O, 2338 E et O, 2238 E

• Cartes IGN au 1 100 000 n° 50 et 58
• Carte Michelin au 1 : 200 000 n° 235

Cathédrale du Puy-en-Velay, vue de la rue des Tables. *Photo C. Bertholet*

Les Chemins de Saint-Jacques-de-Compostelle en France sont classés par l'UNESCO au Patrimoine Mondial de l'Humanité.

Grâce à l'initiative prise, dès 1995, par la FFRP et ses partenaires, la « Société des Amis de Saint-Jacques » et « l'Association Interrégionale les chemins de Saint-Jacques », puis relayée par le Ministère de la Culture sous l'égide de l'Etat français :
les Chemins de Saint-Jacques-de-Compostelle en France sont classés par l'UNESCO au Patrimoine Mondial de l'Humanité.
Cette éminente distinction réjouira tous ceux qui, avec la FFRP, et grâce au soutien de la Fondation d'entreprise Gaz de France, contribuent à la résurgence des principaux itinéraires de Saint-Jacques de Compostelle, permettant ainsi aux randonneurs-pèlerins d'aujourd'hui de reprendre, au plus près de la réalité historique, les cheminements de ceux dont le flot a, pendant mille ans, irrigué une grande partie de l'Europe.
La FFRP remercie tous les artisans de ce succès qui touchera le coeur de chaque Français, notamment à l'occasion de l'année jacquaire.

Maurice BRUZEK
Président de la FFRP

Réalisation

Le GR 65 a été créé par une équipe de collaborateurs bénévoles :
• **Pour la Haute-Loire :** Mme Rodde, M. et Mme Bordes, Mlle Cottier, MM. Chaize, Letort, Rodde(†) M. Barrès, ancien délégué départemental.
• **Pour la Lozère :** M. Guibal (ancien délégué), M. et Mme Dufort, MM. Causse, Melix, MM. Ricadat et Senn (†), anciens délégués départementaux, M. et Mme Duveau.
• **Pour l'Aveyron :** M. et Mme Verbié, de la Société des Amis de Saint-Jacques-de-Compostelle, l'Association Sauvegarde du Rouergue, M. Despériès, ancien délégué départemental, M. Solassol et un chantier Concordia, dirigé par M. Mariette.
• **Pour le Lot :** la Délégation départementale du Lot de la FFRP et le chantier Concordia, avec l'aide de la Direction départementale de l'agriculture.

Les renseignements pour la **mise à jour** de cette édition ont été fournis par M. Christian Bertholet, président du Comité départemental de la randonnée pédestre de la Haute-Loire, par M. et Mme Allain Bastide, du Comité départemental de la randonnée pédestre de la Lozère, par M. Pierre Gineste, du Comité départemental de la randonnée pédestre de l'Aveyron, et par MM. Jean de Chalain et André Reiniche, du Comité départemental de la randonnée pédestre du Lot.

Les textes historiques des pp. 22, 32, 72, 76, 90, 98, 104 ont été rédigés par M. Gérard Jugnot et les textes de découverte des pp. 24 à 29, 36, 40, 46, 56, 62, 68, 86 par Mme Sophie Martineaud.

Les Chemins de St-Jacques-de-Compostelle en France

Les voies

Notre-Dame du Puy-en-Velay.
Photo L. Olivier.

Quatuor viae sunt...
Selon le *Guide du pèlerin de Saint-Jacques-de-Compostelle*, rédigé vers 1140, « il y a quatre chemins qui conduisent à Saint-Jacques ».
Ce guide, destiné aux pèlerins venant de France ou d'au-delà, néglige les voies venant du sud ou de l'est de la péninsule Ibérique.

Le premier chemin prend son départ à Arles et gagne l'Espagne par le col du Somport après avoir traversé Saint-Gilles-du-Gard, Montpellier et Toulouse.

Ce chemin, dit « via tolosana » ou « via egidiana », est une véritable cascade de pèlerinages mineurs : saint Trophime, saint Césaire, saint Honorat et saint Genès à Arles et Trinquetaille, saint-Gilles du-Gard, Saint-Guilhem-du-Désert, les saints Tibère, Modeste et Florence à Saint-Thibery, enfin, saint Sernin à Toulouse. Le « Guide » est muet sur le trajet à suivre de Montpellier jusqu'à Toulouse et ne donne pas davantage de précision sur celui de Toulouse au col du Somport où commence le « chemin aragonais ».

Le second chemin est notre « via podiensis », qualifiée de route « des bourguignons et des teutons ». Ne citant que Conques et Moissac comme étapes entre le Puy et Ostabat, le « Guide » laisse planer bien des incertitudes sur son tracé précis...

Le troisième chemin est celui « qui traverse Sainte-Marie-Madeleine de Vézelay, Saint-Léonard en Limousin, et la ville de Périgueux ». Selon le « Guide » le chemin passe par Limoges. Par contre, aucun jalon n'est posé entre Périgueux et Ostabat.

Le quatrième chemin est la « via turonensis ». La grande dévotion est celle de saint Martin-de-Tours, apôtre des Gaules, antérieure à celle de saint Jacques : le chemin de Saint-Jacques n'est (comme l'affirmait R. de La Coste-Messelière) que « chemin de Saint-Martin retourné » ! Après Tours, les pèlerins se rendaient à Poitiers (saint Hilaire), Saint-Jean-d'Angély,

Plaque située place du Plot.
Photo L. Olivier.

jacquaires

ces quatre chemins, n'est donc pas la mieux décrite par le « Guide ». Elle est cependant l'une des deux les mieux connues (avec celle de Tours) par les études qui lui ont été consacrées. Elle est, grâce à celles-ci, la première à avoir été classée Sentier de Grande Randonnée au plus près (compte tenu des impératifs contemporains) de la réalité historique. Elle est aussi la plus attachante à parcourir par la beauté sauvage de certains de ses tronçons et la majesté des grands monuments de foi qui la jalonnent.

La vierge noire à la cathédrale du Puy. *Photo M. Wasielewski.*

Saintes (saint Eutrope) puis gagnaient Blaye et franchissaient la Gironde pour atteindre Bordeaux, traverser les Landes, rejoindre les deux précédents à Ostabat et former le « chemin navarrais », amorce du « chemin français » qui conduit jusqu'à Compostelle par Logrono, Burgos, Leon, Astorga, Ponferrada et le col d'O Cebreiro.
La route du Puy, entre

Statue de saint Jacques à la cathédrale Notre-Dame de France. *Photo M. Wasielewski.*

23

Un bref aperçu

Un pays de hautes terres

La région du Velay. *Photo L. Olivier.*

Velay, Margeride, Aubrac... Cette succession de modestes massifs montagneux est en fait l'émergence d'une mosaïque de petites régions naturelles qui s'égrènent de la Haute-Loire jusqu'aux confins du Rouergue et de l'Aveyron, lorsque le plateau d'Aubrac vient s'échouer brutalement sur le tapis vert du pays d'Olt.

Le Velay, une plate-forme volcanique

Dressée autour de la ville du Puy-en-Velay, une succession de volcans dessine sur l'horizon une ligne de crête presque ininterrompue. C'est ici que commence le pays vellave, large plate-forme volcanique dont Le Puy occupe la dépression centrale. De cette terre qui durant des millions d'années a rougeoyé du feu de ses volcans, George Sand disait : « Ce n'est pas la Suisse, c'est moins terrible ; ce n'est pas l'Italie, c'est plus beau ». Aujourd'hui, le Velay se présente comme une moyenne montagne à près de 1 000 mètres d'altitude, composée de vastes plateaux basaltiques. Ceux-ci résultent de l'accumulation progressive de coulées basaltiques qui sont venues recouvrir le socle granitique. En effet, il y a environ un million d'années,

Le pays de la lentille verte. *Photo L.Olivier.*

de la région

Saugues. La croix en Margeride.
Photo L. Olivier.

de gigantesques explosions issues des mouvements alpins et pyrénéens sont venues bouleverser le paysage du Massif central. La région conserve ainsi les témoignages pétrifiés des explosions de magma incandescent jaillis de la bouche des volcans auvergnats. Ici et là, des coulées de lave brusquement refroidies ont sculpté en longues colonnes prismatiques de grandes orgues silencieuses qui s'accrochent aux parois rocheuses. Au sud-ouest du territoire, la chaîne du Devès domine le pays vellave, alignant ses quelque 150 volcans qui sont venus marquer le paysage de leurs scories noires et rougeâtres. Orientée selon un axe nord-ouest sud-est, la ligne de crête marque le partage des eaux entre les bassins de la Loire au nord et de l'Allier au sud.

Le Velay offre une vaste planèze herbeuse au sol rougeâtre où poussent quelques maigres cultures de blé, de seigle et de lentilles. La chaîne du Devès, au climat rude et continental, porte des pâturages et quelques cultures d'orge et de lentilles. Ce haut pays tabulaire est dominé par des collines couronnées de bois de pins sylvestres, d'épicéas et de hêtres.

Hérissé de ses orgues basaltiques, ses à-pic rocheux, ses pitons formés de laves pâteuses, le pays vellave déroule une palette de sites spectaculaires, sauvages et souvent désolés. Parcouru de chemins ancestraux et de drailles oubliées (pistes de transhumance empruntées par les

Les maisons en Margeride. *Photo J.F. Salles.*

Paysage de la Margeride. *Photo L. Olivier.*

troupeaux), le Velay fut de tous temps une terre de passage. Au fil du chemin, on voit se dessiner la marque de ces larges pistes qui déroulent leur ruban rectiligne le long des pentes abruptes et au sommet des crêtes.

La Margeride, une lande jonchée de granit

Aux confins de la Haute-Loire, les monts du Velay cèdent la place aux dômes verts et sauvages de la Margeride. Ce massif montagneux jalonné de formes arrondies, drainé par les affluents de l'Allier et de la Truyère, se trouve à cheval sur le Cantal, la Haute-Loire et la Lozère. Nous sommes ici au cœur du Gévaudan historique, désert silencieux où le granit à gros cristaux s'accapare l'immensité de l'espace, sous un ciel dont le bleu métallique raconte la rudesse de l'hiver et la brièveté de l'été. Partout, d'énormes blocs cristallins jonchent la lande, s'amoncellent en pyramides instables, s'éparpillent à travers champs ou sèment des taches claires au cœur des rares forêts de sapins.

Contrairement à l'idée qui a cours, la Margeride n'est pas un massif ancien mais une montagne récente née de la même poussée que les Alpes il y a dix millions d'années. Ce bloc de roches cristallines et métamorphiques s'est trouvé puissamment fracturé et de cette violente poussée a surgi la « Montagne » au centre du massif, trônant à 1 551 m. Cette lourde échine granitique de quelques kilomètres de large s'étire sur plus de 50 kilomètres. Elle domine un paysage de collines aux formes adoucies, modelé par un interminable travail d'érosion. Le relief général conserve une forme

Les monts de Margeride. *Photo J.F. Salles.*

d'uniformité débonnaire aux courbes sans violence ni coupure brutale.
Le passage d'une colline à l'autre se sent à peine et les quelques cols ne sont rien de plus que de modestes échancrures.
La Margeride offre ses vastes espaces herbagers où dominent les landes à genêts, à bruyères, à callunes et à myrtilles, entrecoupées parfois d'une insolite savane de fougères géantes. Résultant des derniers bouleversements glaciaires, les bas-fonds humides abondent en tourbières. Les landes inhabitées se voient progressivement reboiser d'arbres à croissance rapide. Le climat pluvieux et froid combiné à l'acidité du sol granitique favorise le déploiement de forêts sous forme de futaies irrégulières mélangeant les essences : hêtres, pins sylvestres, épicéas et sapins.
Au fil des siècles, l'homme s'est adapté à ce milieu hostile, s'implantant avec opiniâtreté face aux rudes conditions de vie : hiver interminable et enneigé, isolement et pauvreté des sols exigeant une mise en jachère fréquente.

La Margeride est constellée de petites localités dont l'organisation témoigne de cette adaptation. A proximité des villages s'étendent les prairies de fauche et les terres de labour, tandis que plus haut les pâturages se lancent à l'assaut des versants.
Ici, les chemins séculaires conservent la mémoire des anciens parcours des troupeaux de moutons, mais aussi du passage des Gaulois, du cheminement des pèlerins de Compostelle, et plus récemment des activités clandestines des maquisards de la Résistance.

L'Aubrac, une prairie naturelle
Plus aride et plus désolé que la Margeride, l'Aubrac est une bande montagneuse née d'une immense coulée de lave, qui se dresse entre les vallées du Lot et de la Truyère. A cheval entre Margeride et Aubrac, le pays de Peyre ou « pays de pierre » est le domaine privilégié de cette belle pierre grise aux gros cristaux sublimant la moindre maisonnette.
Grande table basaltique, l'Aubrac s'étire

Paysage de l'Aubrac. *Photo J. Gribble.*

L'Aubrac du côté de Marchastel. *Photo J.F. Salles.*

sur une quarantaine de kilomètres en une échine molle découpée en « montagnes » et devèzes. Légèrement relevé du nord-ouest vers le sud-est, ce pays résulte de la superposition de vastes épanchements de coulées basaltiques recouvrant la vieille pénéplaine. La calotte glaciaire de l'ère quaternaire est venue adoucir encore ce relief déjà émoussé. Ici, l'horizon s'arrondit en mamelons tapissés de landes vertes et grises sous un ciel qui semble vouloir s'accaparer l'espace. Jamais monotone, le paysage se ponctue de gros blocs erratiques, dont les plus spectaculaires sont volcaniques, plantés verticalement ou lourdement couchés au sol. Parfois, le basalte noir ressurgit en alvéoles prismatiques déposées par d'ancestrales fontaines de lave incandescente. Ici et là, apparaissent petits

Troupeaux de l'Aubrac. *Photo L. Olivier.*

lacs, tourbières et ruisseaux serpentant à l'infini. Jadis, une grande partie de l'Aubrac disparaissait sous la forêt primitive de hêtres. Seuls les versants les plus abrupts du plateau en conservent quelques vestiges, l'ensemble du paysage ayant été remodelé pour les besoins de l'implantation humaine. A l'initiative des moines de la domerie d'Aubrac et de l'abbaye cistercienne de Bonneval, les prairies ont, depuis le Moyen Age, progressivement remplacé les bois. Les rigueurs du climat et la pauvreté du sol laissent peu de place à la culture et l'Aubrac décline à l'infini ses terres à pâturages, piquetées de forêts où dominent le chêne, le hêtre, le sapin et l'épicéa. A proximité des villages, des zones de bas-fonds humides sont monopolisées par les prairies de fauche. Plus haut, commencent les aires de pâturages, les estives, souvent ceinturées de murettes de pierre sèche. Traversé par l'antique voie romaine d'Agrippa, porte de passage entre Auvergne et Languedoc, ce pays rude balayé par les vents fut de tous temps sur la route de grandes migrations.

Vie pastorale et tradition

Profondément marquées par la rudesse du climat, l'ensemble de ces régions montagneuses ponctuées de fermes isolées maintiennent plus ou moins une vie pastorale traditionnelle. La culture de céréales a aujourd'hui considérablement reculé et le secteur agricole s'est reconverti vers le pâturage et l'activité bovine. Bien que l'élevage, la polyculture et l'exploitation forestière constituent l'essentiel de son économie, la Haute-Loire accuse un dépeuplement rural considérable, au profit de la plaine, des villes du sud et de l'Auvergne. Le rayonnement de la ville du Puy-en-Velay, assis notamment sur la réputation de sa dentelle, appartient désormais au passé. En Margeride,

Les solitudes désertes de l'Aubrac. *Photo J. Gribble.*

l'activité agricole, remarquable pour son exceptionnelle faculté d'adaptation, se spécialise dans l'élevage, bovin essentiellement, complété par l'exploitation forestière et l'exploitation potentielle de ses réserves d'uranium. Comme en Aubrac où les solitudes désertes ne sont interrompues que par quelques villages esseulés, les activités traditionnelles disparaissent peu à peu du paysage. Aujourd'hui, il apparaît pour l'ensemble de la région, que son potentiel futur réside essentiellement dans le développement de son activité touristique et l'artisanat traditionnel.

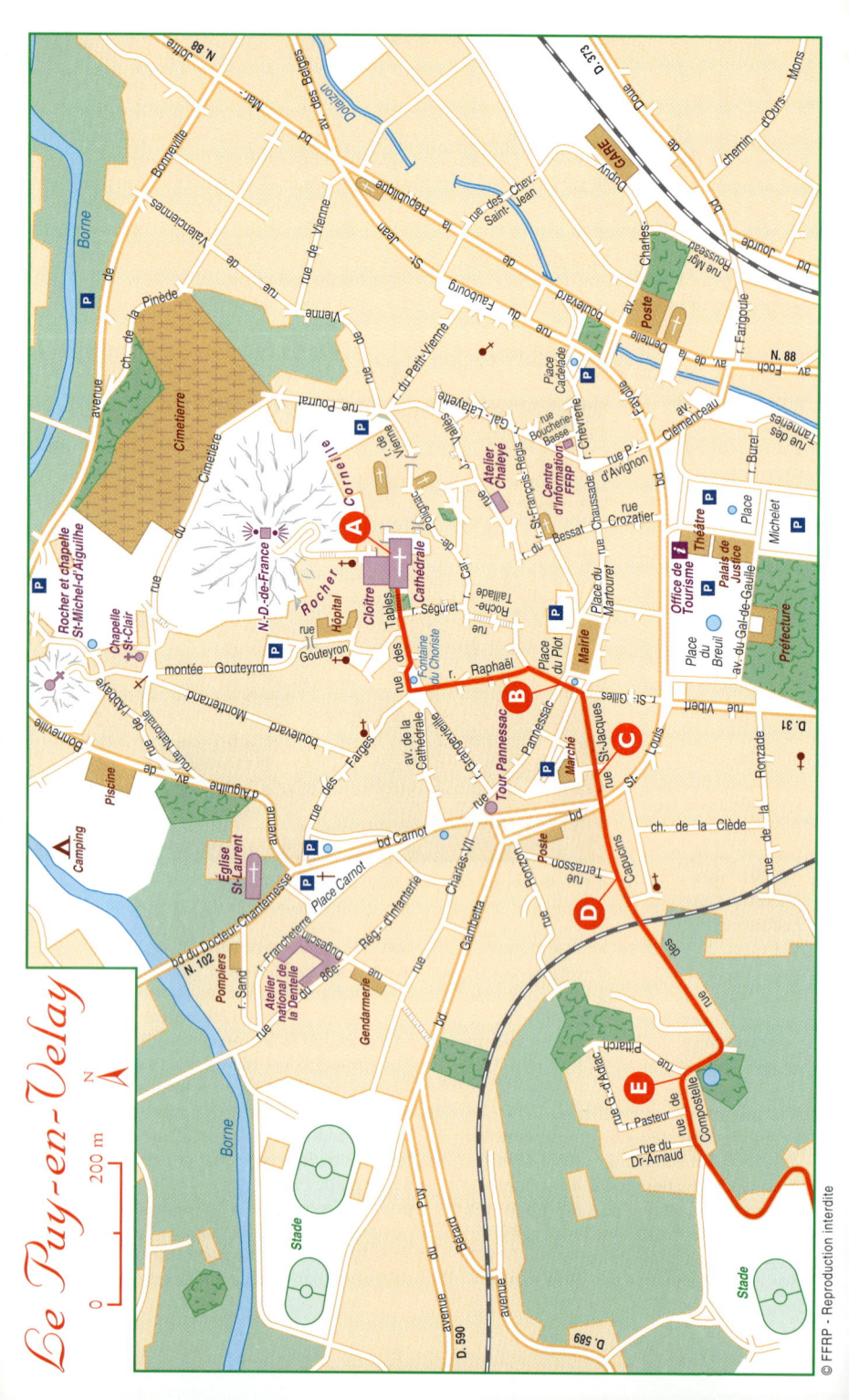

Les itinéraires
Le sentier GR® 65
du Puy à Figeac

Du **Puy-en-Velay** à **La Roche** 5 km 1 h 15

Au Puy :

Au **Puy-en-Velay** (625 m), le GR® 65 part de la cathédrale **A**

Succédant à des monuments antérieurs (gallo-romain, 5e et 9e), l'église actuelle fut bâtie au 11e et à la fin du 12e. Au style roman, sobre et austère, s'ajoutent les influences arabes et byzantines. Le clocher est indépendant, le baptistère Saint-Jean, du 10e, lui fait face et un magnifique cloître roman se développe contre le mur Nord de l'église. Dans la sacristie : livre d'or réservé aux pèlerins et randonneurs.

Emprunter les grands escaliers, descendre la rue des Tables et, juste après avoir dépassé la fontaine dite du Choriste (15e), prendre à gauche la rue Raphaël débouchant 300 m plus loin sur la place du Plot **B** très ancienne place du Puy dotée d'une fontaine construite en 1246. Chaque samedi, marché pittoresque sur la place et aux alentours.

Suivre la rue Saint-Jacques (au n° 47, **C** vestiges d'un ancien oratoire dédié à saint Jacques ; un hôpital Saint-Jacques, mentionné dès 1253 existait « hors les murs » à l'entrée de la rue des Capucins), la rue des Capucins (à l'intersection de la première rue à droite **D**, croix du faubourg Saint-Jacques du 16e siècle, avec piédestal de 1772 ; latéralement, représentation de saint Jacques et d'un pèlerin), puis la rue de Compostelle **E**.

En se retournant, panorama sur le Puy avec vue sur l'ensemble du bassin. Tout-à-fait à gauche la montagne de Denise avec, en avant-plan, la petite falaise de la "Croix de Paille" et ses orgues de basalte ; puis en allant vers la droite, le vaste plateau basaltique de la plaine de Rome, avec, en arrière-plan, le château de Polignac et son donjon. Au centre, la vieille ville avec ses rochers Saint-Michel et Corneille. A l'extrême-droite, les coteaux de Guitard et Roche-Arnaud.

Ce paysage est extrêmement parlant pour le géologue. La Denise est un volcan complexe dont la partie centrale est formée de scories, la Croix de Paille représentant un « neck » c'est-à-dire une vaste cheminée volcanique remplie de basalte dont les orgues sont célèbres ; les vastes plateaux tabulaires, comme celui de la plaine de Rome, représentant des coulées de basalte épanchées autrefois dans le fond des vallées. Toutes les pentes douces situées au bas de ces plateaux sont formées par des sédiments tendres, marnes et calcaires lacustres d'âge oligocène. Le rocher Corneille et le rocher Saint-Michel représentent sans doute des « necks » formés par une brèche volcanique très particulière due à un volcanisme sous-lacustre.
Le paysage est dû à l'action de l'érosion sur des sédiments assez anciens reposant sur un socle cristallin et recouverts par des épanchements de roches volcaniques.

Le Puy-en-Velay

Le Puy, selon le *Guide* du 12e siècle, est un sanctuaire marial réputé depuis le 3e siècle, lorsque Marie apparut en songe à une femme assoupie sur une sorte de dolmen (la « Pierre des fièvres » que l'on peut voir aujourd'hui au rez-de-chaussée du clocher) pour lui signifier sa guérison. Plus tard, une statue de la Vierge fut offerte à la vénération des pèlerins : victime du vandalisme révolutionnaire, elle fut remplacée par une copie en 1856.

L'année 1999 fut une année sainte, dite aussi « jubilaire », expression qui paraît plus appropriée si l'on s'en réfère à la tradition biblique des jubilés cinquantenaires évoquée pour le sanctuaire de Compostelle.

Le jubilé (ou année « jubilaire ») a lieu chaque fois que la fête de saint Jacques le Majeur (le 25 juillet) tombe

Statuette de pèlerin, rue des Farges.
Photo M. Wasielewski.

Vue sur Saint-Michel-d'Aiguilhe.
Photo M. Wasielewski.

un dimanche. Ainsi furent années saintes : 1965, 1971, 1976, 1982, 1993, 1999, et le seront : 2004, 2010, 2021. Depuis 992, le Puy bénéficie aussi du privilège du jubilé. Mais les années saintes y sont rarissimes puisqu'elles ne se produisent que lorsque l'Annonciation (9 mois avant Noël, soit le 25 mars) coïncide avec le Vendredi saint dont la date est mobile et fonction de celle de Pâques. Il n'y eut qu'un seul jubilé au Puy au 20ᵉ siècle, en 1932. Le prochain aura lieu en 2005.

Ces jubilés connurent un tel succès dès le Moyen Age, qu'en 1407 deux cents pèlerins périrent étouffés au milieu de la foule. En dépit de ce risque, une certaine Isabelle Romée vint, en 1429, y prier Notre-Dame pour le succès de l'entreprise menée par sa fille, Jeanne d'Arc.

Au Puy, les pèlerins pouvaient aussi se rendre au sanctuaire de Saint-Michel-d'Aiguilhe, construit à la fin du 10e siècle, sur ordre de leur prestigieux ancêtre Godescalc. Dans la rude montée d'escaliers conduisant au portail trilobé, où les influences hispano-mauresques sont patentes, ils pouvaient se reposer dans des niches à taille humaine creusées à même le roc : hospitalité bien rudimentaire qui dut, très vite, leur faire préférer les hôpitaux tenus en ville.

Le premier de ceux-ci fut l'Hôtel-Dieu, bâti contre la cathédrale. Il commença à fonctionner vers 1140. Ses portes étaient largement ouvertes aux pèlerins, comme en témoigne le privilège concédé par l'évêque, en 1210, de fabriquer et vendre les insignes de pèlerinage et les coquilles découvertes au cimetière du Clauzel où étaient ensevelis ceux qui décédaient dans cet hôpital. De nombreuses donations contribuaient à assurer des revenus à ce lieu d'accueil, tandis que des quêteurs se répandaient dans tout le royaume, et même à l'étranger, comme en témoigne une boîte à aumônes, conservée à Ripoll, marquée « Nostra Senyora del Puig de França » qui – selon des témoignages recueillis il y a une vingtaine d'années – était encore en usage au début du 20e siècle.

Le Puy eut aussi son hôpital Saint-Jacques, mentionné pour la première fois dans un testament de 1253. On ignore malheureusement tout de son fonctionnement. On notera simplement que, proche de la rue et de la porte Saint-Jacques, il était situé sur l'itinéraire idéal pour quitter la ville en direction de la Margeride.

Notons, également, l'existence d'une confrérie saint Jacques érigée à la fin du 16e siècle, dans l'église Sainte-Claire. C'est à la même époque que nous avons témoignage du pèlerinage à Compostelle d'un bourgeois de la ville, Jean Jacmon : « 1591 et le 16 Ceptembre, suis party de ceste ville pour m'en aller à Saint-Jacques en Galice et en suis revenu et arrivé en ceste ville la veille de saint André ».

Pour s'engager sur le grand chemin, les pèlerins, au sortir de la cathédrale, suivaient la rue des Tables (des Changeurs), gagnaient la place du Plot puis, par la rue Saint-Jacques (au n° 47, on voyait encore, il y a quelques années un oratoire avec une statue du saint), atteignaient la porte Saint-Jacques et s'engageaient dans le faubourg du même nom (dit maintenant « des Capucins ». Là, se dressait l'arbre saint Jacques, remplacé depuis 1722 par la « Croix de l'arbre » (ornée de saint Jacques et d'un pèlerin). Les pèlerins quittaient enfin la cité mariale par le « chemin de Saint-Privat », devenu récemment « rue de Compostelle ».

Jubilé au début du siècle. *Photo L. Olivier.*

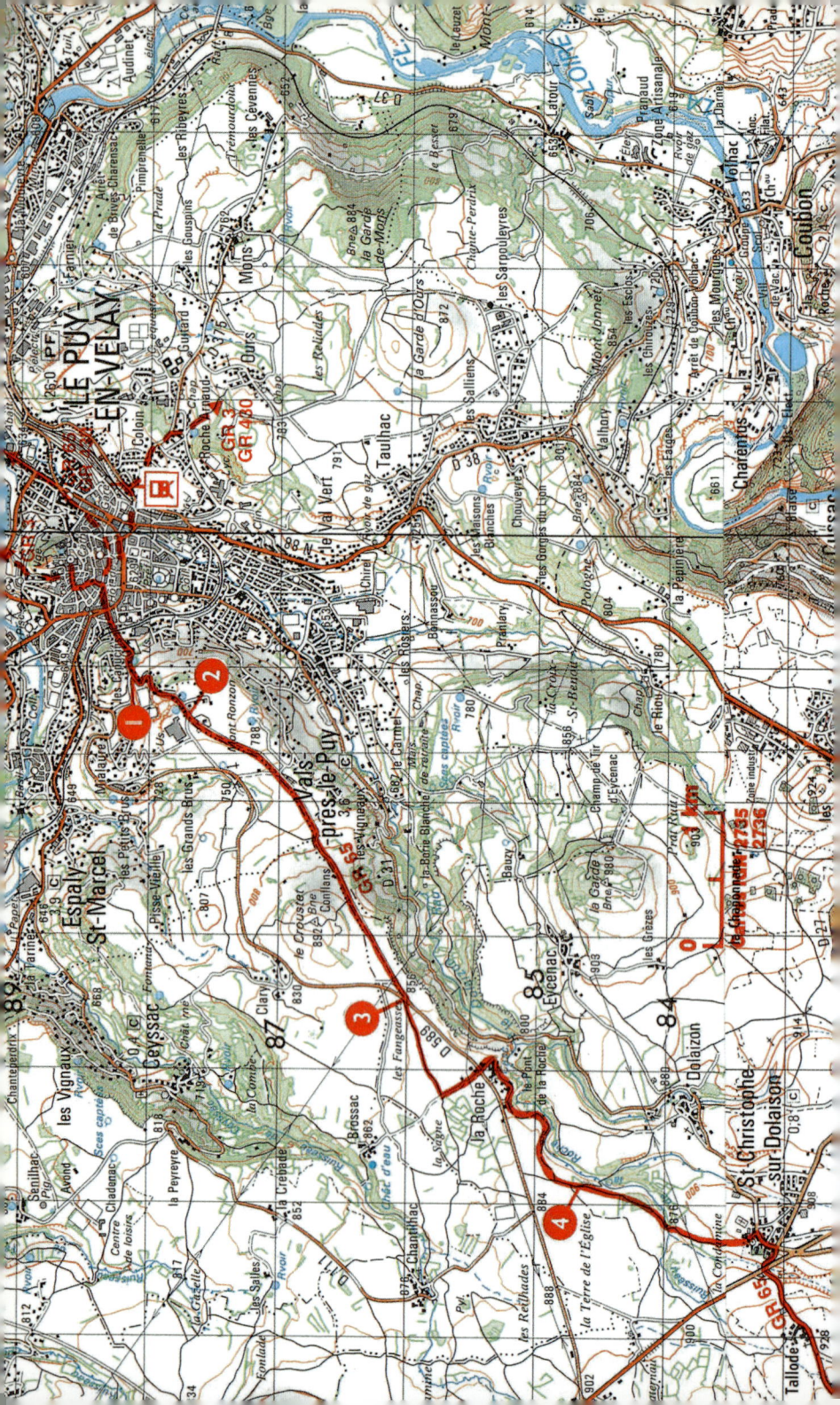

1 Emprunter une route revêtue jusque sur le plateau dominant la ville.

2 Le GR® utilise ensuite sur la gauche un large chemin caillouteux qui aboutit à un carrefour marqué par un fût de croix (croix de Jalasset datée de 1621 dont seul le fût subsiste), passe à droite de ce monument et contourne la butte de Croustet.

Le chemin passe sur la gauche d'une petite montagne le Croustet, qui frappe par son aspect régulier. Appelée "garde" dans le pays, il s'agit d'un petit cône volcanique de type strombolien, déjà un peu remanié par l'érosion. Il est essentiellement formé de projections scoriacées assez meubles exploitées sous le nom de pouzzolanes.

3 Le GR® atteint la D 589 ; la couper et prendre en face le chemin de terre gravilloné, qui débouche dans un carrefour. Suivre à gauche le chemin qui devient goudronné aux premières maisons de **La Roche** (872 m).

De **La Roche** à **Saint-Christophe-sur-Dolaizon**   3 km   45 mn

A Saint-Christophe-sur-Dolaizon :

Le GR® 65 traverse la D 589 et contourne **La Roche** par un chemin en corniche au-dessus du ravin de la Gazelle, qui continue ensuite sous la ligne de crête.

4 Le GR® 65 se dirige à droite, traverse un petit bois, s'abaisse jusqu'au ruisseau de la Gazelle pour le franchir un peu plus en amont et remonte sur sa rive droite jusqu'à **Saint-Christophe-sur-Dolaizon** (908 m).

Eglise du 12e siècle, construite en brèche volcanique rougeâtre avec clocher-arcade percé de 4 ouvertures. Côté Sud, plusieurs enfeus à l'extérieur. Ce monument se trouve mentionné dès 1161, puis en 1204 dans un document émanant des Templiers du Puy.
La seigneurie et le château apparaissent dès le 14e siècle dans diverses pièces d'archives.

Dans le village, en bordure de la D 31, on peut voir les restes d'un four banal où chaque famille venait cuire son pain à tour de rôle. Les tourtes préparées dans des « paillas » à la ferme étaient apportées par les femmes, tandis que les hommes chauffaient le four avec des fagots de bois de pin. Une fois la chaleur nécessaire atteinte, la sole du four était nettoyée des braises et le pain enfourné. Au bout de trois heures, le pain, convenablement cuit, était défourné. Chacun cuisait ainsi son pain pour deux à trois semaines.

La dentelle au carreau

Entre légende et réalité, la naissance de la dentelle du Puy remonterait à 1407, année jubilaire du fait que l'Annonciation coïncide avec le Vendredi saint. Pour cet événement fastueux, la plus habile des brodeuses est requise par l'évêque du Puy pour confectionner un manteau pour la Vierge noire. Une certaine Isabelle Mamour est choisie pour l'exécution de ce travail d'exception sur lequel elle va passer plus d'un mois.
En cherchant à confectionner un tissu d'une extrême finesse, la jeune fille a l'idée de fixer des épingles sur une planchette de bois et d'y faire courir le fil à l'aide de navettes de bois. La dentelle au carreau vient de voir le jour.

Par la suite, les dentellières se multiplient en Velay car cette activité leur fournit un salaire d'appoint tout en leur permettant de travailler chez elles. Cet artisanat marque profondément la vie économique et sociale. Dans les villages, les femmes se réunissent en couviges (réunions) à la maison ou à l'assemblée du village pour y pratiquer ensemble ce qui représente à la fois une distraction et un gagne-pain. Tout en bavardant, les ouvrières entrecroisent des fuseaux de bois sur leur métier portatif rembourré de paille.
La dentelle est vendue dans les petites échoppes de la ville du Puy. Les acheteurs sont nombreux parmi les badauds, pèlerins et marchands, et l'activité prospère. Au 17e siècle, un arrêt du parlement de Toulouse interdit « la fabrication, le colportage et la vente de la dentelle ». Emu des conséquences dramatiques pour les femmes du Velay, le jésuite saint Jean-François Régis, défend leur cause et fait casser cet arrêt en 1640. Reconnaissantes, les virtuoses du carreau feront de lui le saint patron des dentellières. Depuis 1931, la dentelle faite à la main à l'aide de fuseaux est reconnue par une appellation d'origine. La ville du Puy compte le seul Atelier conservatoire national de la dentelle en France, ainsi qu'un Centre d'enseignement de la dentelle qui forme aux techniques dentellières.

Fuseau de dentellière.
Photo L. Olivier.

Souvenirs jacquaires du musée Crozatier

Réputé pour la richesse et la diversité de ses collections, le musée Crozatier constitue à lui seul une véritable vitrine de la région du Puy. Au fil des salles, on découvrira disséminés quelques intéressants témoignages de l'importance du pèlerinage de Saint-Jacques dans la région.

La Famille de la Vierge (1497).
Photo Musée Crozatier.

L'un des principaux trésors du musée est un tableau exécuté vers 1417 pour un couvent du Puy : *La Vierge au Manteau*. Derrière le manteau déployé de la Vierge, on aperçoit en buste Jacques le Majeur identifiable à son grand chapeau de pèlerin en forme de bicorne (salle 14). Non loin de là, le tableau de *La Famille de la Vierge* (1497) montre aux pieds de Marie Salomé l'apôtre Jacques, reconnaissable au bourdon et à la besace marquée de la coquille.

Intégré à l'une des fenêtres de la salle 11, un fragment de *vitrail* porte les armoiries de Jean Laurens frappées de la coquille. La salle Cortial réunit quelques *coquilles* de pèlerins.

Percées d'un trou permettant de les attacher, elles furent retrouvées sur deux squelettes lors de fouilles à l'emplacement de l'ancien cimetière du Clauzel, dévolu aux pensionnaires de l'Hôtel-Dieu. Un *bois gravé* du 19e siècle figure un pèlerin arborant plusieurs coquilles. A proximité, plusieurs *crochets à ciseaux* utilisés par les orfèvres du Puy sont décorés d'une coquille, dont on pense cependant qu'ils ne sont pas liés au pèlerinage. A proximité, est exposée une riche collection de Vierges noires.

Pèlerin.
Photo Musée Crozatier.

Au rez-de-chaussée, la salle médiévale réunit de nombreux fragments romans de l'Hôtel-Dieu, dont deux chapiteaux : la Charité et Les soins à prodiguer à un malade alité, ainsi que des statues provenant de l'ancien hôpital des pèlerins.

Le musée possède l'une des plus anciennes représentations sculptées de la Vierge *Le Mariage de la Vierge*, datant du 4e siècle. Par ailleurs, l'établissement réunit l'une des plus belles collections de dentelle en France, au fuseau ou à l'aiguille. A voir également : le carrosse de Vachères et la Salle des mécaniques.

D'après Jean Chaize, revue *Le Fil*

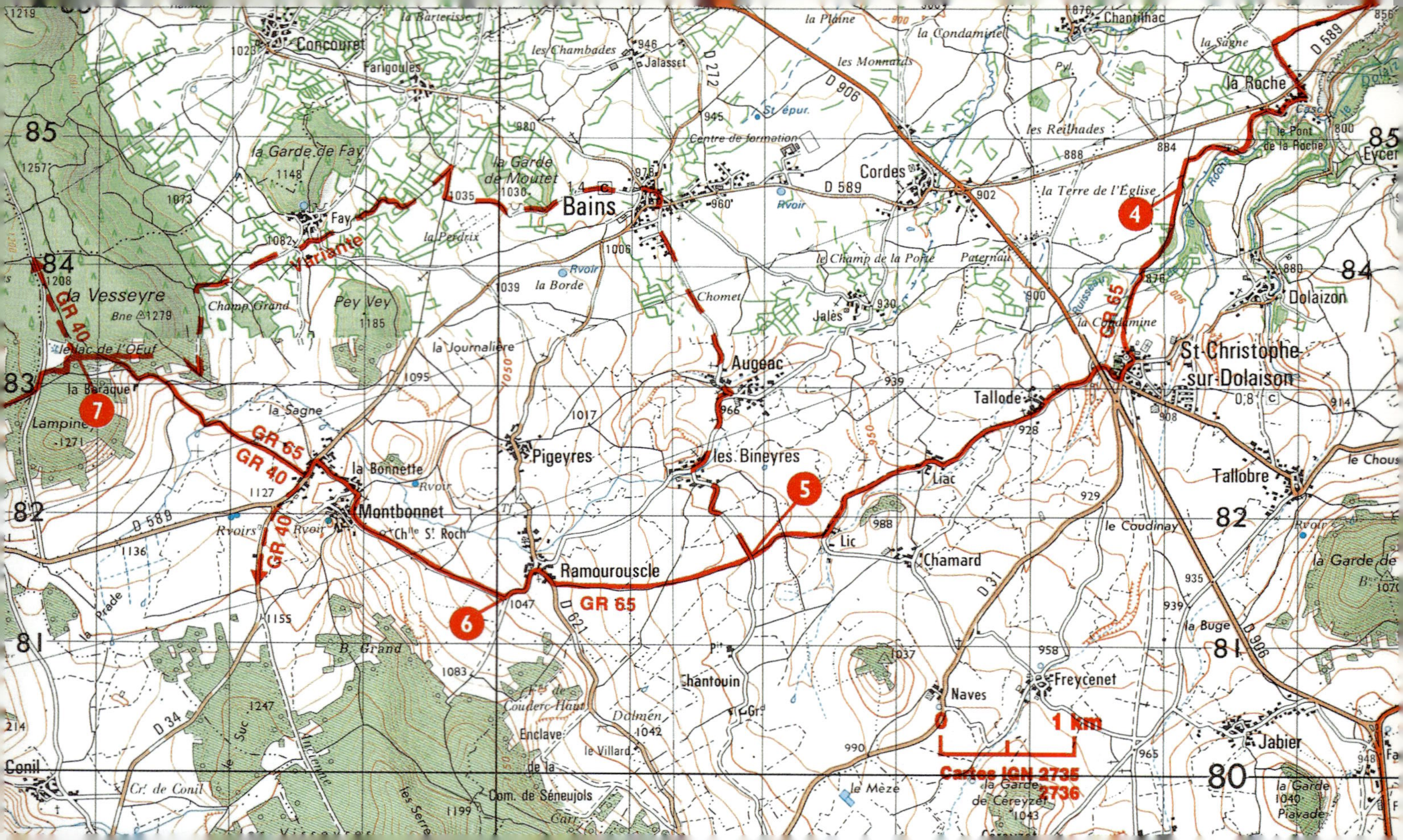
GR 65
GR 40
Variante
St Christophe-sur-Dolaison
Bains
Cordes
Augeac
Montbonnet
Ramourouscle
Tallode
Liac
Lic
Chamard
Pigeyres
les Bineyres
la Vesseyre
la Roche
Dolaizon
Tallobre
Jabier
Freycenet
Naves
Concouret
Farigoules
Fay
Chantoin
Lampine
la Baraque
0
1 km
Cartes IGN 2735 2736

De St-Christophe au chemin goudronné `3,5 km` `50 mn`

A Tallode :

A la sortie de **Saint-Christophe-sur-Dolaizon**, après le château, emprunter à droite une petite route vers Tallode (*chambre d'hôtes*) qui se poursuit jusqu'à Liac. Le chemin continue sur une assise empierrée.

A l'entrée de Lic, l'abandonner pour suivre à droite un petit chemin herbeux qui se dirige vers l'Ouest, puis s'insinue entre des murets de pierre. Un peu plus loin, à une intersection, obliquer à gauche, puis atteindre le carrefour avec un **chemin goudronné**.

Du chemin goudronné à Montbonnet `3,5 km` `50 mn`

A Montbonnet : (avec terrain pour camper)

▶ Départ, sur la droite, de la variante de Bains (voir p. 43).

5 Du **chemin goudronné,** poursuivre tout droit (Ouest) jusqu'à l'entrée de Ramourouscle. Emprunter à droite la D 621. Au centre du village, tourner à gauche.

Croix de Ramourouscle datée de 1631, près de « l'Assemblée », au revers Vierge entourée d'un ange. Remarquer sur la droite, peu après avoir traversé la route, un porche daté de 1674, et derrière celui-ci une maison typique. Selon la tradition, les pèlerins y étaient reçus par des Donats ou Donates, successeurs d'anciens servants des Templiers.

6 Prendre un chemin goudronné qui passe devant la chapelle Saint-Roch.

L'oratoire primitif fut construit par la famille de Montlaur (armoiries sur la clef de voûte de la chapelle). Saint Bonnet en devint le premier patron. Sainte Bonnette d'Alvier y fut honorée également (leurs statues figurent dans la chapelle). Remanié à plusieurs périodes, l'édifice fut dédié à saint Roch, lors de l'extension du culte de ce saint, devenu patron des pèlerins.

Le GR® atteint ainsi **Montbonnet** (1108 m).

De Montbonnet au lac de l'Œuf `3,5 km` `45 mn`

Le GR® 65 traverse **Montbonnet** en direction de l'Ouest, passe devant une croix dite Croix des Pèlerins et emprunte à gauche la D 589 sur quelques mètres.

▶ Point de jonction avec le GR® 40 : en face, il se dirige vers le Bouchet-Saint-Nicolas (topo-guide du GR® 40 *Tour du Velay*) ; à droite, les GR® 65 et GR® 40 ont un parcours commun jusqu'au lac de l'Œuf.

Les GR® quittent la D 589 pour emprunter à droite un chemin charretier traversant un étroit plateau, puis montant à flanc de colline en direction de la ferme de la Baraque. Après la ferme de la Baraque, les GR® 65 et GR® 40 continuent de monter (Nord-Ouest) en forêt jusqu'à l'extrémité Est du **lac de l'Œuf** (1206 m).

La perle du Velay

La lentille verte du Puy est cultivée dans la région du Velay depuis le début de l'ère chrétienne, peut-être plus longtemps encore. Son aire de production, qui s'étend sur 1 400 hectares, correspond au bassin du Puy et aux plateaux du Velay. Cette légumineuse aux qualités gastronomiques particulières y bénéficie de la légèreté du sol basaltique mais également du microclimat des hauts-plateaux volcaniques. Elle y trouve les conditions idéales à son épanouissement : froid durant les premiers mois de croissance, ensoleillement exceptionnel et stress hydrique précipitant sa maturité. En août 1996, la « perle ponote » a été le premier légume sec à intégrer le cercle des Appellations d'Origine Contrôlée. Dotée d'une peau fine et d'une amande non farineuse, la lentille verte du Puy se distingue par sa cuisson rapide. Son goût délicat lui a valu le surnom de « caviar vellave » et a donné à cette modeste légumineuse ses lettres de noblesse.
La meilleure preuve de sa notoriété est l'existence d'une Confrérie de la lentille du Puy.

Recette (Régis Marcon)
Jarrets de Porc à la Lentille Verte du Puy

INGRÉDIENTS
2 jarrets de porc demi-sel
1 oignon piqué d'un clou de girofle
1/2 poireau
1 carotte
laurier, thym
220 g de Lentilles Vertes du Puy
1 carotte en petits dés
1 oignon haché
3/4 de bouillon (volaille ou bœuf)
50 g de graisse d'oie
80 g de lard salé, taillé en lardons
50 g de beurre

Plonger dans l'eau froide : jarret de porc, carotte, poireau, oignon, épices. Cuire à feu doux 1 heure 30.

Faire revenir lard et carotte, puis ajouter les Lentilles Vertes du Puy et le bouillon de viande. Cuire 25 minutes, égoutter, garder le jus de cuisson avec 2 cuillères à soupe de lentilles. Ajouter le beurre et cuire 15 minutes. Passer cette sauce au mixeur et l'ajouter aux Lentilles Vertes du Puy.

Dresser les Lentilles Vertes du Puy sur l'assiette, les jarrets de porc posés au milieu. Ceux-ci peuvent être servis avec une sauce piquante.

Jarret de porc aux lentilles.
Photo P. Fournier.

Traditions du Velay

L'habitat en Velay
En pierre de lave mêlant les rouges, les bruns et les mauves, la ferme traditionnelle du Velay s'abrite sous un toit à faible pente recouvert de tuiles canal rouge. En effet, les vents importants se chargent de balayer la neige qui ne peut s'accumuler en lourdes charges sur la toiture. Par contre, celle-ci est maintenue par de grosses pierres disposées sur sa bordure pour l'empêcher de s'envoler. Le rez-de-chaussée comprend une ou deux pièces, prolongées par une « souillarde », servant à conserver le lait et les fromages. Deux ou trois chambres se trouvent à l'étage.

Le fromage du Velay.
Photo L. Olivier.

Brebis noires du Velay.
Photo L. Olivier.

La brebis noire du Velay
Si la vache Mézenc a disparu de la région vers les années 60, la brebis noire originaire des monts du Velay broute toujours l'herbe des pâturages de la Haute-Loire. Il semble que cette race très rustique de mouton noir fasse partie du paysage vellave depuis l'invasion de la Gaule par les Celtes.

Une tomme aux artisous
Riche en vaches laitières, le Velay est fameux pour sa tomme de vache, le « velay », élaboré dans la plus pure tradition artisanale. Ce fromage ne peut prétendre à son label de qualité que si sa croûte est riche en artisous : microscopiques acariens qui n'ont aucune parenté avec d'ordinaires asticots.

La Verveine du Velay
Le Velay présente une échelle d'altitude dont la douceur se prête particulièrement bien au développement de plantes très diverses. En 1859, l'herboriste Victor Pagès met au point une liqueur sophistiquée à base de verveine et d'une trentaine de plantes et aromates. Le secret de la distillation de cette liqueur digestive parmi les plus fortes (55° C) s'est transmis de père en fils depuis cinq générations. Après macération et distillation, les alcoolats sont additionnés d'ingrédients secrets, dont du miel d'Auvergne et du cognac. La liqueur est vieillie en fûts de chêne pendant dix mois au moins. Chaque année, pas moins de 20 000 litres de « verveine verte » sont mis en bouteille. Consommée pure ou en cocktail, la verveine du Velay sert aussi à confectionner sorbets, glaces et pâtisseries.

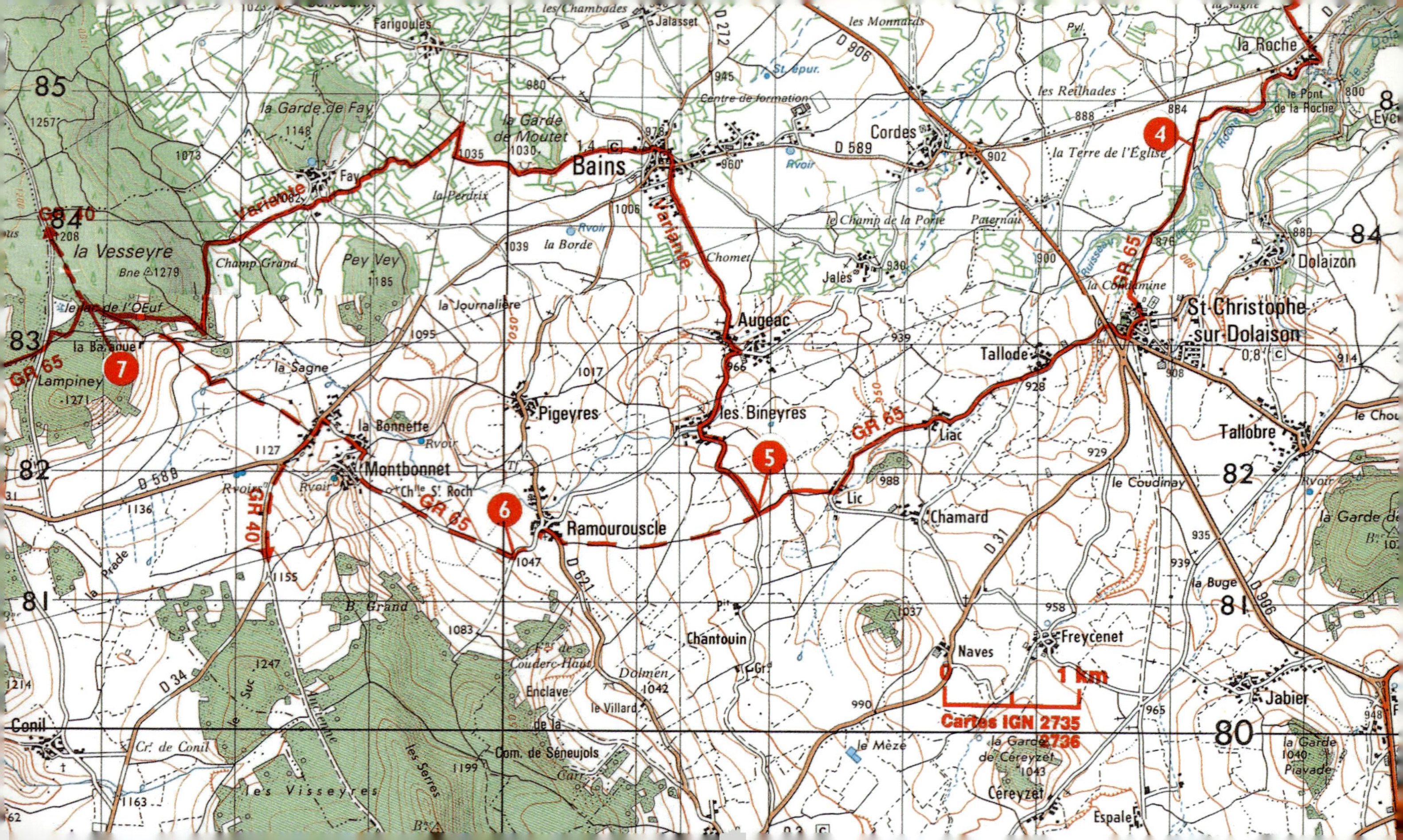

la Roche
Cordes
St-Christophe-sur-Dolaison
Dolaizon
Tallobre
Tallode
Liac
Lic
Chamard
Freycenet
Naves
Jabier
Cereyzet
Espale
Bains
Fay
Farigoules
Jalasset
Augeac
les Bineyres
Pigeyres
Ramourouscle
Montbonnet
la Bonnette
la Sagne
Lampiney
la Vesseyre
Champ Grand
Pey Vey
la Garde de Fay
la Garde de Moutet
Chantouin
le Villard
Conil
les Visseyres
les Serres
Com. de Séneujols
Variante
GR 65
GR 40
1 km
Cartes IGN 2735 2736

Variante de Bains

Le passage à Bains de nombreux pèlerins ne peut être contesté et l'itinéraire proposé au-delà demeure très plausible, surtout si l'on considère que le village de Fay est mentionné en 1236 dans le cartulaire des Templiers. Cet ordre ayant pris une part importante dans la protection des pèlerins, nous sommes vraisemblablement en présence d'un ancien mais authentique chemin de Saint-Jacques.

Du chemin goudronné à Bains

4 km • 1 h

A Bains :
A Fay :

Au carrefour avec le GR® 65, prendre à droite (Nord) le **chemin goudronné** jusqu'aux Bineyres. Dans ce hameau, emprunter à droite une petite route jusqu'à l'entrée d'Augeac. Laisser sur la droite la maison d'assemblée de ce village et poursuivre par la route de gauche jusqu'à **Bains** (975 m).

De Bains au lac de l'Œuf

5,5 km • 1 h 40

Eglise des 12e et 13e siècles avec clocher-arcade récent. Remarquer à l'extérieur, un enfeu latéral côté Sud, traces de litre seigneuriale, voussures du portail d'entrée ; à l'intérieur, cuve baptismale et Pieta.
Cette église, primitivement dédiée à saint Martial, passa vers 1105 sous le nom de sainte Foy, dépendant ainsi de Conques jusqu'en 1613.
Vestiges du château, croix de fer forgé près de l'église, vieilles maisons.

Après l'église de **Bains**, la variante emprunte sur quelques mètres à gauche la route de Vergezac, puis la quitte pour continuer vers l'Ouest par un large chemin de terre. En abordant le cône volcanique, il s'élève, longe une coulée de lave, un bois, puis une carrière de pouzzolane.

La variante contourne la carrière par la gauche, s'infléchit à droite en escaladant la pente, puis emprunte à gauche, sur le replat, un chemin charretier bordé de murettes. Déboucher sur une large voie et l'emprunter à droite (Nord) sur 200 m.

Cette voie, l'ancienne « Bollène » qui, reprise par les Romains, reliait Lyon à Toulouse.

Prendre à gauche (Sud-Ouest) un chemin montant à Fay. Poursuivre dans la même direction vers la forêt. A l'orée de celle-ci, la variante bifurque à gauche (Sud) et s'élève à flanc de coteau. Elle s'oriente ensuite au Nord-Ouest pour déboucher sur le plateau, non loin du **lac de l'Œuf** (1 206 m).

▶ Jonction avec les GR® 65 et GR® 40 (topo-guide du GR® 40 *Tour du Velay*) venant de Montbonnet.

Mercœur
Mercury
la Plaine
Rougeac
la Vesseyre
GR 40
Variante
Le lac de l'Œuf
la Baraque
Lampiney
GR 65
Dallas
le Villard
les Gardes
Nolhac
St-Privat-d'Allier
le Chier
Combriaux
la Besseyre
Roche d'Offre
les Fonds
Conac
Conaguet
Rochegude
Chanove
Pratclaux
la Guéronne
les Escleyrades
Mas de Couderchon
la Garde
les Essoynes
St-Didier-d'Allier
Monistrol-d'Allier
Escluzels
Blancard
Montaure
la Valette
Bois de Ponnet
Ponnet
Chazaloux
Champels
Pissis
le Bosquet
Coustauze
Barracoux
la Coutelle
les Hers
la Moule
la Rodde
Roziers
l'Ecorchade
Fontannes
Freycenet
Douchanez
la Grangette
Conilis
St-Jean-Lachalm
la Borie
le Sapet
Ch.le St-Étienne
0 1 km
Cartes IGN 2735 2736

Du lac de l'Œuf à Saint-Privat-d'Allier   4,5 km   1 h 15

A Saint-Privat-d'Allier :

Le lac de l'Œuf constitue un exemple de tourbière située dans une dépression entre deux cônes volcaniques.

▶ Jonction avec la variante venant de Bains.

▶ Séparation du GR® 40 qui se dirige, au Nord, vers Siaugues-Saint-Romain (topo-guide du *Tour du Velay*).

7 Le GR® 65 contourne le **lac de l'Œuf** par l'Est, puis par le Nord, et emprunte à gauche sur quelques mètres une route forestière.
S'engager ensuite (Sud-Ouest) sur un sentier herbeux descendant jusqu'à la D 589. La couper.

Prendre en face la route menant au hameau du Chier.
Déboucher dans le coudert (appellation locale désignant une petite prairie communale ou sectionnale située dans un hameau ou aux abords immédiats de celui-ci).
A la sortie du hameau, bifurquer à droite (Nord-Ouest) sur un chemin. Le suivre sur 500 m.

8 Tourner à gauche sur un autre chemin pierreux entre deux murs, traverser une lande parsemée de pins, puis franchir le ruisseau du Rouchoux pour arriver au moulin et à la ferme de Piquemeule.

La croix de Piquemeule, située près de la ferme, date du 14e siècle et porte au revers l'Agneau pascal.

Le GR® rejoint la D 589 aux premières maisons de **Saint-Privat-d'Allier** (890 m).

Il a toujours été dit que le prieuré de Saint-Privat-d'Allier dépendait de la Chaise-Dieu depuis sa fondation en 1046. Son existence donne à penser que, dès cette date, ce tracé du chemin de pèlerinage était suivi de préférence à la vieille voie romaine abandonnée vers Montbonnet et rejointe seulement bien plus loin, au bord de la Truyère, aux Estrets. Cet itinéraire ne présentait pas l'avantage de constituer un raccourci : du Puy aux Estrets, la distance à couvrir en passant par Chapeauroux est de 72 km contre 70 km en passant par Saint-Privat.
Les régions du Velay, du Gevaudan et du Rouergue (jusqu'à Rodez) étaient particulièrement inhospitalières à cette époque. C'est pourquoi le prieuré de Saint-Privat, pourtant situé un peu à l'écart du point de départ des pèlerins, était considéré comme une étape digne d'intérêt.
De Saint-Privat, les pèlerins continuaient leur route en direction de Rochegude. On peut visiter l'église romane et les vestiges du château.

La bête du Gévaudan

Statue de la bête du Gevaudan en Margeride.
Photo L. Olivier.

Au 18e siècle, Aubrac et Margeride regorgent de loups. L'un d'entre eux va marquer les mémoires. Venu des forêts de l'Ardèche voisine, il sévit dans la région de Saugues. En juillet 1764, un enfant disparaît. Durant trois ans, la Bête aurait massacré une centaine de femmes et d'enfants. Choisissant ses victimes parmi les humains plutôt que dans les troupeaux, le loup inspire une véritable panique aux paysans. On le décrit avec un pelage fauve étrange, voire recouvert d'écailles, aussi haut qu'un âne avec les pattes plus courtes devant, pourvu de griffes démesurées. Une compagnie de cinquante-sept dragons est envoyée par l'intendant du Languedoc pour abattre l'animal. Las, le loup poursuit ses ravages vers Saint-Alban, Aumont et à travers l'Aubrac. En 1765, Louis XV lui-même envoie en Gévaudan Antoine de Beauterne, lieutenant des chasses royales. Le 20 septembre, celui-ci abat un loup de bonne taille, mais au printemps 1766, les meurtres reprennent. Considérée tour à tour comme un fléau de la justice divine ou comme une créature démoniaque, la Bête fait naître des héros. Une femme, Jeanne Vouve, tente jusqu'au bout d'arracher son petit de quatorze mois au féroce carnassier. En juin 1767, enfin, un certain Jean Chastel parvient à tuer près d'Auvers, au nord-ouest de Saugues, un grand loup carnassier, mettant fin aux massacres.
La Bête du Gévaudan entre dans l'histoire et la peur qu'elle inspire s'étend à tout le royaume. Elle fait naître autour d'elle maintes légendes, dont celle de la Vierge apparue à de jeunes bergers au-dessus des gorges de la Seuge. Après la découverte de sa statue au creux d'un rocher, la chapelle Notre-Dame d'Estours est élevée en son honneur. En 1767, se déroule une grande procession pour implorer le secours de la Vierge contre la Bête. La statue polychrome est visible aujourd'hui dans l'église de Monistrol-d'Allier. Un musée consacré à l'animal légendaire se visite à Saugues.

Le loup de Sainte-Lucie.
Photo J.-F. Salles

Un pays de traditions religieuses

Les croix sont particulièrement nombreuses sur les chemins de la Haute-Loire.
Photo P. Fournier.

La Haute-Loire et le Velay conservent à travers les témoignages du passé les marques d'une ferveur et d'une foi encore ancrées dans les esprits et les traditions. Les croix y sont particulièrement nombreuses, au bord des chemins, à l'entrée des ponts ou pour délimiter des propriétés. Perpétué par des processions et fêtes jubilaires, le culte marial fait intimement partie de l'histoire de la Haute-Loire. On ne compte plus les sanctuaires dédiés à la Vierge noire dont Notre-Dame du Puy est le plus vénéré. Une confrérie des Pénitents blancs (la *societas gonfalonis*) est fondée au Puy en 1587. Depuis, le mouvement pénitent s'est enraciné avec force dans tout le Velay. Les deux confréries les plus actives aujourd'hui sont au Puy et à Saugues. Les Pénitents se joignent aux multiples processions religieuses du calendrier, et surtout à celle du Jeudi saint, vêtus de leur « sac » blanc, coiffés de leur cagoule, tenant des torches, portant la croix et les instruments de la Passion.

À partir du 17e siècle, l'institution des Béates se développe de façon particulièrement marquante en Velay et dans le Gévaudan. Ces « saintes femmes » vivent en communauté dans la « maison d'assemblée » que le village a édifié pour elles. Elles sonnent l'Angélus, enseignent le catéchisme et l'abécédaire aux jeunes enfants, la dentelle aux jeunes femmes ; elles s'occupent des malades et président aux veillées de prières. Au moment de la Révolution, les Béates joueront un rôle capital dans la résistance catholique vellave. Leur institution a disparu au milieu du 20e siècle, mais on peut encore voir certaines de leurs assemblées sur le bord du Chemin, comme à Augeac, sur la variante de Bains.
Néanmoins, ferveur populaire et croyances superstitieuses ont toujours fait bon ménage. Ainsi, à Chanaleilles, le bouvier qui voulait s'assurer une bonne récolte de raves, se devait de quitter son pantalon et de l'accrocher au joug de son attelage. A la fin des semailles, il lui fallait traverser le champ en croix tout en secouant sa chemise.

Défilé de Pénitents du Puy.
Photo L. Olivier.

1 km
IGN 2735
2736
GR 40
GR 65
Variante
la Vesseyre
la Baraque de l'Oeuf
Lampiney
les Plaines
St-Jean-Lachalm
Conil
les Escleyrades
la Garde
les Estreys
Dallas
Rougeac
les Gardes
le Villard
le Chier
Mas de Couderchon
St-Didier-d'Allier
la Grangette
Sapet
la Plaine
Stèle
Rouchoux
la Planchette
Mercœur
Mercury
Nolhac
St-Privat-d'Allier
la Besseyre
Combriaux
la Pende
Grand
Pratclaux
la Gueronne
Monistrol-d'Allier
Fontannes
Freycenet
Ch. St-Étienne
Roche d'Offre
Rochegude
Chanove
Poste Électr.
Escluzels
Blanchard
la Borie
Peyre
Barracoux
Costaunze
les Fonds
Conaguet
la Valette
Pomnet
Bois de Pomnet
Montaure
l'Écorchade
la Huitième
Chazalloux
Champels
les Herses
la Molle
la Rodde
Roziers
Asses
le Bosquet
Freydeyre
Pissis
Ouine
D 589
D 25
D 30
D 301
D 40

De Saint-Privat-d'Allier à Rochegude   2,5 km   45 mn

Au centre de **Saint-Privat**, le GR® 65 quitte la D 589 puis emprunte à droite une route qui monte.

9 Après une croix, s'engager à gauche sur un chemin pierreux conduisant à la route de Rochegude. Le GR® utilise en de nombreux points l'ancien tracé de cette route, qui coupe les virages pour aboutir à **Rochegude** (967 m).

De Rochegude à Monistrol-d'Allier   3 km   45 mn

A Monistrol-d'Allier :

Place forte à la frontière du Velay et du Gévaudan.
Dominant la trouée de l'Allier, la chapelle Saint-Jacques constitue un intéressant belvédère ; les pèlerins ne manquaient pas d'y accomplir leurs dévotions.

A **Rochegude**, le GR® s'engage dans un passage entre deux maisons en contrebas de la chapelle. Par une sente suivant la ligne de crête, descendre sur la D 301. Après la deuxième maison, tourner à gauche pour traverser Pratclaux (*eau*). Emprunter la route en direction du Sud-Ouest, couper la D 301.

10 Au lieudit La Guéronne, s'engager à gauche sur un raccourci qui coupe les lacets de la route pour descendre à **Monistrol-d'Allier** (619 m).

De Monistrol-d'Allier à Montaure   4 km   1 h 20

Eglise romane, ancien prieuré dépendant de l'abbaye de La Chaise-Dieu.
Au chevet de l'église, croix à personnages du 16e siècle. Fût timbré du bourdon, insigne des pèlerins de Saint-Jacques. Les personnages latéraux semblent d'ailleurs représenter saint Jacques lui-même ou l'un de ces humbles en marche vers Compostelle.

▶ Attention ! dernier point de ravitaillement avant Saugues.

Franchir l'Allier sur le pont métallique et traverser la partie inférieure de **Monistrol** en suivant la route de Saugues (D 589) sur 200 m.

11 Tourner à droite sur une petite route qui descend vers un moulin, traverser l'Ance puis monter fortement. Près d'une croix de fer, tourner à gauche pour arriver à la chapelle de la Madeleine (grotte close au 17e siècle d'une façade de pierre surmontée d'un fronton).

Le GR® s'élève ensuite le long d'une forte pente (*main courante*) jusqu'au ressaut d'Escluzel. A l'entrée du village, s'engager dans la ruelle de droite, passer devant l'abreuvoir, puis filer vers la gauche (Nord-Ouest) ; 800 m plus loin, tourner à gauche, couper une route desservant La Valette. Couper la D 589 pour monter en lacets à travers bois jusqu'à l'entrée de **Montaure** (1 022 m).

12
13
14
15
GR 65
Saugues
Monfaure
l'Ecorchade
D 589
B. de Pouzas
Roziers
Pouzas
la Garde
les Herses
la Rodde
des Asses
Ombret
le Grail
la Vachellerie
Villeneuve
le Vernet
Recoux
la Pauze
Rognac
Lescure
Andreioulet
le Luchadou
Jeunes
Freycenet
les Salles
Vieilles
N. D. du Gévaudan
le Trouquet
la Croix de Bonhomme
le Villeret
Montaillet
St. Pomp.
les Salettes
le Rochas
le Clos
Pechamp
Barrande
Mézères
Chabanettes
Baraque de Boissière
le Pinet
D. 585
D. 32
la Vacheresse
Villeneuve
Bergougnoux
le Fourgna
Vedrines
Domaison
Navaron
Beauregard
la Vialle
la Rouveyre
la Roche
le Ménial
les Plos
Bois Grand
Carte IGN 2636 et 2736
1 km

De Montaure à un croisement de chemins `2,5 km` `40 mn`

A l'entrée de **Montaure**, emprunter une route en direction du Sud-Ouest sur 300 m.

12 S'engager à gauche (plein Sud) sur un chemin de terre menant à Roziers. Dans le village, prendre à droite la route (Sud-Ouest), passant près d'une fontaine. On atteint un **croisement de chemins** (1 069 m).

Du croisement au Vernet `1 km` `15 mn`

13 Du croisement, situé au Nord-Ouest de la colline dénommée la Garde, le GR® 65 emprunte à droite (Ouest) la route jusqu'au hameau du **Vernet** (1 050 m).

Du Vernet à Saugues `4,5 km` `1h 15`

A Saugues : 🏠 🏨 ✖ 🛒 🚶 ☕ ℹ️ 🚌 (au Rouve et Salles-Jeunes : 🛏️)

Le tronçon entre Le Vernet et Rognac emprunte l'un des chemins les plus fréquentés par les pèlerins pour aborder puis traverser les plateaux de la Margeride.

Au **Vernet**, le GR® monte par la route jusqu'à la fontaine près de la maison d'Assemblée. Là, tourner à gauche pour monter en haut du village. Aux dernières maisons, on prend à gauche (Sud-Ouest) un chemin qui devient sentier longeant une clôture, puis passant sous une ligne haute tension. Traverser le hameau de Rognac (*abri possible dans la maison d'Assemblée*). Continuer par la route (Nord-Ouest), puis prendre à gauche un chemin se dirigeant vers un pylône d'une ligne haute tension. Couper la D 589 et poursuivre jusqu'à **Saugues** (960 m).

De Saugues à La Clauze `7 km` `2 h`

Tour des Anglais du 14e. Vieilles maisons. Collégiale Saint-Médard et son trésor : Vierge en majesté du 12e, Pieta de la fin du 15e, 3 croix processionnelles en argent repoussé des 15e et 16e, œuvres des orfèvres du Puy. Eglise des Pénitents : retable du 17e, instruments de la Passion.

Le GR® 65 traverse la ville de **Saugues** en direction du Malzieu, franchit le pont de la D 589 qui enjambe la Seuge.

▶ En cas de fortes pluies, la section du GR® qui suit étant inondable, continuer sur la D 589, puis emprunter à gauche la route du Pinet (*non balisé*).

14 Après le pont sur la Seuge, le GR®65 tourne à gauche sur un chemin de terre, aboutit à une route qu'il emprunte à gauche (Sud) jusqu'au hameau du Pinet.

La tradition rapporte que de nombreux pèlerins trouvèrent l'hospitalité dans la grange de la première maison à droite, à l'entrée du hameau.

le Mont
la Grifoulière
Font du Grifou
Roche Montru
le Château de l'Allemand
Bois Grand
la Vialle
la Rouveyre
le Pinet
la Roche
Longeval
Champ Rouchis
Champ d'Ouveyre
GR 65
15
Grèzes
la Maison Neuve
la Bastide
la Borie
Seuge
le Mazel
Brangères
la Clauze
la Chassade
Esplantas
la Fageolle
les Fourgnas
la Zénélauze
la Brugère
Chantelauze
Biasse
Croix de Biasse
les Vesses
Baraque Recoule
les Oucelous
le Pouget
Champ Paure
le Falzet
la Pinatelle
la Coustasseyre
le Villeret d'Apchier
la Besseyre
la Fayssé
Foujouse
le Viavas
l'Espouzet
la Garnasse
le Fraisse
0
1 km
le Pin
16
la Fagoureyte
la Bourlade
le Ped d'Apchio
Montrézon
la Gardille
la Chalm
Chanaleilles
Hors GR
Contaldès
les Narces
la Combelade
la Besseyre
Chazeaux
le Ped Simonet
le Crouzet
le Ronc du Chateau

15 À gauche de la dernière maison, le GR® s'engage sur un large chemin qui pénètre dans une forêt de résineux et suit la direction du Sud-Sud-Ouest jusqu'à une sorte de col (*bien suivre le balisage*). Là, il oblique à droite pour descendre franchir la Seuge, puis monte jusqu'à **La Clauze** (1 095 m).

De La Clauze au Falzet   2,5 km   45 mn

Au Falzet :

Tour curieusement perchée sur un bloc de granit qui est le seul vestige important d'un château édifié durant la deuxième moitié du 12e siècle et qui joua un rôle durant la guerre de Cent Ans et les guerres de religion. Le village est très caractéristique de l'architecture du Gévaudan. Remarquer autour de l'Assemblée l'ensemble d'immeubles, la petite croix et le « travail » : appareil dont les montants sont en pierre.

Dans le village de **La Clauze**, le GR® se dirige vers la tour, passe devant la maison d'Assemblée, puis gagne le hameau du **Falzet** (1 134 m).

Du Falzet à la ferme de Contaldès   3,5 km   1 h

Au **Falzet**, le GR® se poursuit toujours au Sud par une voie goudronnée (*balisage espacé*), puis oblique à droite sur un petit chemin jusqu'au Villeret-d'Apchier.

Une source sacrée, réputée pour la guérison de certaines maladies, coule dans la partie basse du village ; elle a été christianisée sous le nom de saint Pierre.

Le GR® traverse la D 587 et descend par une ruelle jusqu'à la Virlange, qu'il franchit, puis il tourne à droite sur un chemin passant sous une ligne haute tension. En remontant la rive droite de la rivière, passer au moulin du Pin.

16 Continuer et atteindre la **ferme de Contaldès** (1 124 m).

De Contaldès au domaine du Sauvage   6 km   1 h 40

Au domaine du Sauvage : (*produits de la ferme*) (*repas sur commande*)

Hors GR® pour **Chanaleilles** (1 150 m) :   10 mn

À Chanaleilles :
À voir : église à clocher-arcade, croix de cimetière.
De **Contaldès**, descendre par la route à droite.

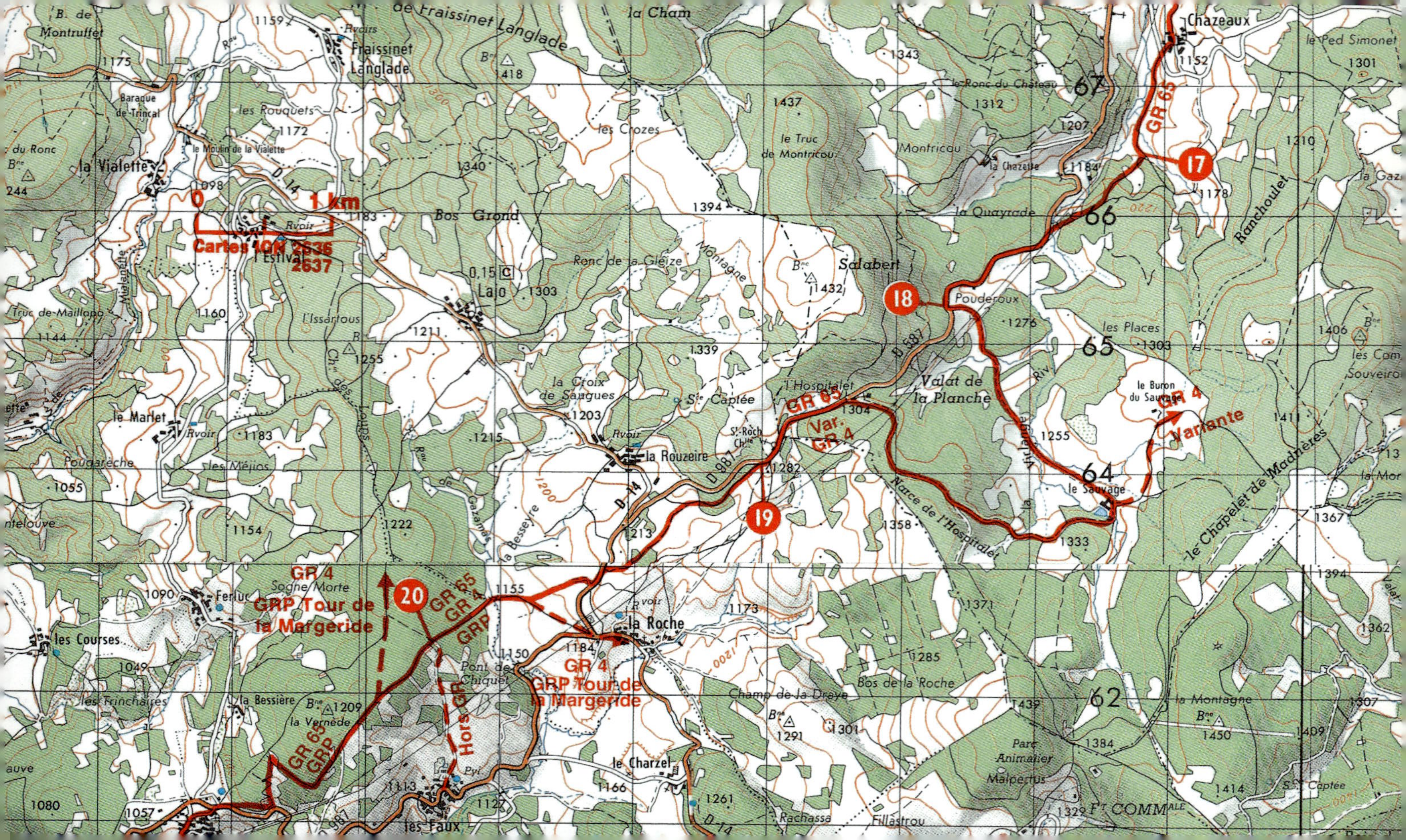

Chazeaux
GR 65
17
66
67
65
64
62
18
19
20
Salabert
Pouderoux
Valat de la Planche
l'Hospitalet
Var. GR 4
GR 4 Variante
le Buron du Sauvage
le Sauvage
le Chapelet de Madrières
Narce de l'Hospitalet
la Rouzeire
la Croix de Sangues
Ste Captée
St Roch
Lajo
Bos Grond
Ronc de la Gleize
Montagne
le Truc de Montricou
Montricou
la Chazette
la Quayrade
Ranchoulet
les Places
le Ped Simonet
les Crozes
la Cham
de Fraissinet Langlade
Fraissinet Langlade
les Rouquets
le Moulin de la Vialette
la Vialette
Baraque de Trincal
B. de Montruffet
0
1 km
Cartes IGN 2636 2637
l'Estival
l'Issartous
le Marlet
les Méjias
Pougarèche
la Roche
GR 4 GRP Tour de la Margeride
GR 65 GR 4 GRP
Hors GR
GR 65 GRP
Sogne Morte
Ferluc
les Courses
les Trinchaires
la Bessière
la Vernède
Pont de Chiquet
le Charzel
les Faux
Champ de la Draye
Bos de la Roche
Parc Animalier Malpertus
la Montagne
Ft COMMALE
Rachassa
Fillastrou
la Besseyre
D 14
D 987

Après **la ferme de Contaldès**, le GR® 65 continue tout droit jusqu'à Chazeaux. Là, il s'engage sur le premier chemin à droite, coupe une route, continue en face sur un large chemin et traverse un ruisseau. A une jonction de trois chemins, prendre à gauche pour franchir une clôture.

17 Monter à droite pour retrouver un chemin sous bois qui se dirige vers la ligne haute tension. Au premier pylône, on s'en écarte à gauche pour gagner une vaste clairière. Par la sente de droite, le GR® sort des bois et descend pour franchir la Virlange. Il décrit un S et monte rejoindre la D 587. L'emprunter au Sud-Ouest jusqu'au lieudit Pouderoux.

18 Le GR® prend à gauche (Sud-Est) un large chemin blanc qui atteint le **domaine du Sauvage** (1 292 m).

Du Sauvage à la chapelle Saint-Roch   3 km   45 mn

▶ Jonction avec la variante du GR® 4, qui se dirige, à l'Est, vers Saint-Paul-le-Froid.

Le GR® 65 contourne les bâtiments du **domaine du Sauvage** par le Sud et, 100 m plus loin, tourne à droite sur une route forestière menant au col de l'Hospitalet (1 304 m). Emprunter à gauche la D 587 jusqu'à la **chapelle Saint-Roch** (1 280 m).

De Saint-Roch à la jonction avec le GR® 4   3 km   45 mn

Un hôpital pour les voyageurs et pèlerins fut fondé sur ce col désert, en 1198. L'hôpital et sa chapelle dédiés à saint Jacques furent confiés aux Templiers. Saint Roch vint supplanter saint Jacques, vers la fin des guerres de Religion. A la fin du 19e siècle, une nouvelle chapelle fut érigée près de là en territoire lozérien. Le monument que nous voyons aujourd'hui fut reconstruit en 1901.

De la **chapelle Saint-Roch**, le GR® continue vers le Sud-Ouest, sur la D 987.
19 Après les poteaux d'un virage, s'engager à gauche sur un chemin qui descend. Plus loin, le GR® laisse à droite un chemin et tourne à gauche (Sud-Ouest), en longeant une murette (sur la droite). Franchir un petit col pour descendre jusqu'à la D 987. S'engager en face sur un chemin herbeux bordé de clôtures et descendre dans une dépression où s'effectue la **jonction avec le GR® 4** (1 155 m).

De la jonction avec le GR® 4 à une intersection   1 km   20 mn

▶ A gauche (Sud-Est), le GR® 4 se dirige vers Langogne ; vers l'Ouest, les GR® 4 et GR® 65 ont un bref parcours commun (topo-guide des GR® 4/43/44 *Des gorges de l'Ardèche à la Margeride*).

Les GR® 4 et GR® 65 franchissent sur des dalles le ruisseau de Gazamas, puis montent tout droit (Sud-Ouest) vers un bois de pins.

Hors GR pour **Les Faux :**   1 km   15 mn

La Margeride

Portail en granit typique de la Margeride.
Photo J.F. Salles.

Entre Haute-Loire et Lozère, la Margeride constitue un monde à part, témoignant de siècles d'adaptation à ces vastes espaces déserts et silencieux.

Les fermes

Massives et granitiques, les maisons traditionnelles de Margeride semblent littéralement intégrées au décor minéral qui les entoure. Un brin austères, pourvues de petites ouvertures, les fermes de la région prennent parfois des allures de « maisons-fortes » comme au domaine du Sauvage. Parfois assombris par la présence du basalte, les murs sont très épais pour pouvoir supporter la lourde toiture en lauzes de micaschistes. A la salle principale, occasionnellement jouxtée par une chambre-salon, vient s'adjoindre la souillarde, pourvue d'une aiguillère qui permet de se débarrasser des eaux usées. La maison d'habitation est généralement prolongée par les bâtiments réservés aux bêtes et au stockage des récoltes.

Les baraques

La Margeride est aussi la région des « baraques » : ces maisonnettes dressées au bord des routes particulièrement exposées aux rigueurs climatiques. La baraque était un lieu d'accueil, parfois une auberge de campagne, destinée à protéger des intempéries les voyageurs, pèlerins, colporteurs ou paysans se rendant à la foire. Certaines des baraques ont conservé la cloche installée sur le toit qui, par mauvais temps, sonnait inlassablement pour appeler les égarés.

Bergers de village

Il y a longtemps que la Margeride offre à la transhumance ses vastes espaces de landes à genêts et bruyères. Déjà au Moyen Age, les troupeaux ovins quittaient les plaines et garrigues languedociennes au début de l'été pour gagner (entre autres) les hautes terres de la Margeride. Sur place, à partir du 15e siècle, chaque village confiait l'ensemble de ses troupeaux à un seul berger. Celui-ci se chargeait de la production de laine, prenait soin des agneaux et combattait les loups qui décimaient les troupeaux. Enfin, l'homme assurait la fumure des terres des villageois. Pour s'abriter, le berger disposait d'une sorte de roulotte en planches, l'« ateuil » ou la « chabone » qu'il pouvait déplacer en suivant les moutons. Si la grande transhumance a disparu depuis les années 60, la Margeride a conservé ses bergers de village, gardant les troupeaux autour du hameau en hiver et les menant en estive à la belle saison.

Cueillettes en Margeride

Avec ses sols acides, la Margeride compte une kyrielle de produits de cueillette qui constituent un complément important aux subsides agricoles. Les narcisses des prairies participent à la fabrication de parfums, avec les lichens de pins sylvestres précieux pour leur pouvoir fixateur. Landes et régions boisées regorgent de framboises, de mûres et de myrtilles, consommées sous différentes formes (fruits frais, confitures, sucreries et sirops). La myrtille est également exploitée en pharmacie pour l'élaboration de produits améliorant la vision. Enfin, cèpes, mousserons, lépiotes et autres champignons sont récoltés pour être séchés ou mis en conserve sur place.

Myrtilles : dans les landes ou les régions boisées.

Dessin Annie Blondeau.

Faune de Margeride

Le pipit farlouse

Ce petit passereau à plumage brun, bec fin et queue allongée se plaît dans les tourbières de la Margeride. Il se nourrit d'insectes et de vers agrémentés de quelques graines et se distingue par son vol « en parachute », sans battement, toutes ailes déployées.

Dessin A. Blondeau.

Le bec-croisé des sapins

Cet habitué des forêts de conifères tient son nom de la forme spécifique de son bec lui permettant de décortiquer les cônes de résineux, dont il suit de près la maturation à partir de janvier. Son plumage est verdâtre excepté pour les mâles qui se teintent de rouge en vieillissant.

Dessin A. Blondeau.

Une terre idéale pour les bisons

Depuis 1991, les monts de la Margeride, près de Sainte-Eulalie, abritent une réserve naturelle de bisons d'Europe dont la population sauvage avait vu sa disparition totale à la Première Guerre mondiale. Parfaitement adaptée à ce grand mammifère par ses caractéristiques physiques et climatiques, la Margeride a pris le relais d'une réserve d'élevage en Pologne.

Bison d'Europe. *Photo J.F. Salles.*

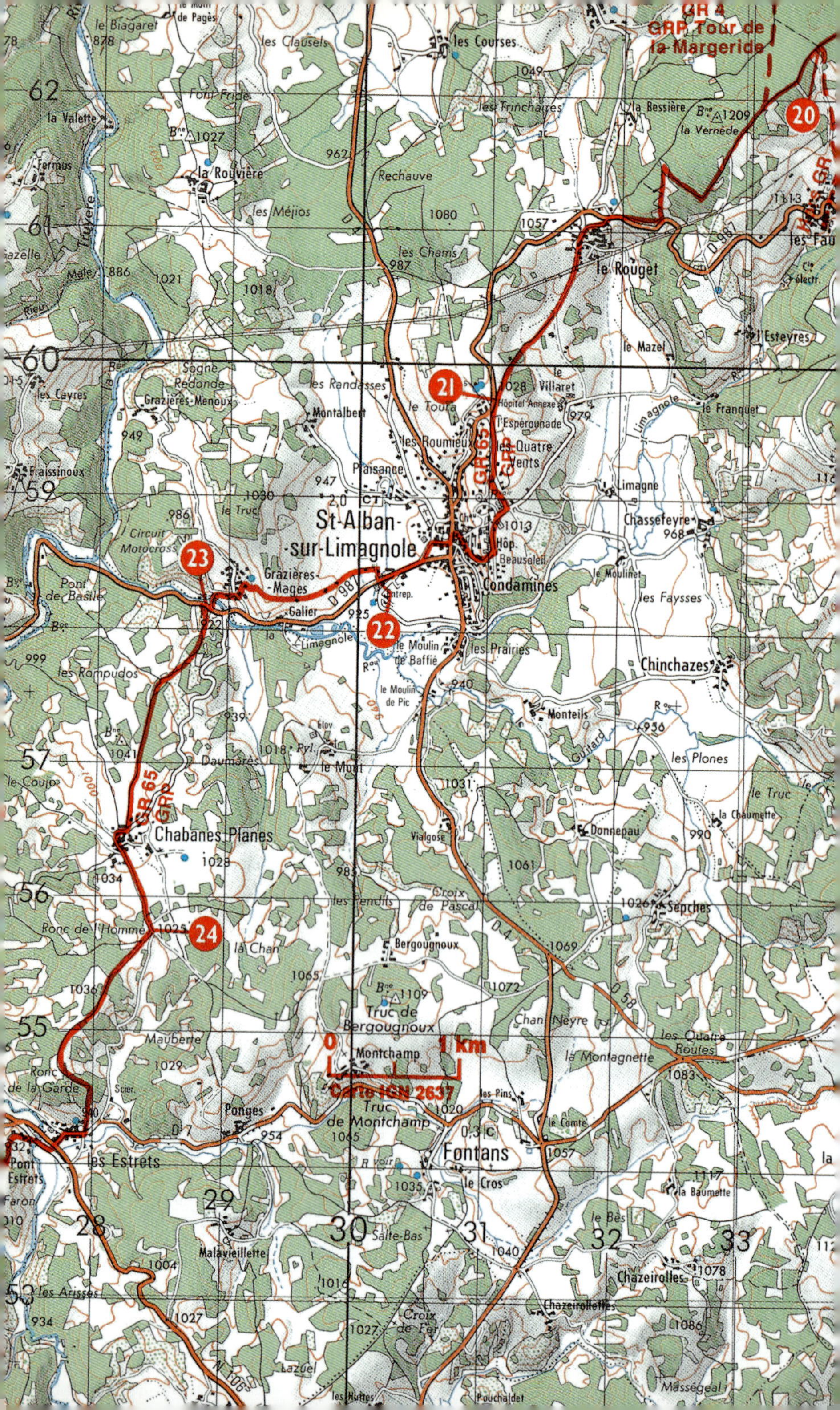
GR 4
GRP Tour de la Margeride
GR 65
GRP
0
1 km
Carte IGN 2637
20
21
22
23
24
St-Alban-sur-Limagnole
le Rouget
les Courses
les Trinchaires
la Bessière
la Vernède
le Biagaret
la Valette
Font Fride
la Rouvière
Rechauve
les Méjios
les Chams
les Clausels
Truyère
l'Esteyres
le Mazel
le Villaret
Hôpital Annexe
l'Espérounade
les Quatre Vents
le Franquet
Limagnole
les Randasses
le Toura
les Roumieux
Plaisance
Montalbert
Sogne Redonde
Grazières-Menoux
les Cayres
Fraissinoux
le Truc
Circuit Motocross
Grazières-Mages
Galier
Pont de Basile
Hôp. Beausoleil
Condamines
Limagne
Chassefeyre
le Moulinet
les Faysses
Chinchazes
les Prairies
le Moulin de Baffie
le Moulin de Pic
Monteils
les Rompudos
Daumarès
le Mont
le Coujo
les Plones
Guitard
le Truc
la Chaumette
Donnepau
Chabanes Planes
Vialgose
les Pendils
Croix de Pascal
Sepches
Ronc de l'Homme
la Chan
Bergougnoux
Truc de Bergougnoux
Chan Neyre
les Quatre Routes
la Montagnette
Mauberte
Montchamp
Truc de Montchamp
Ronc de la Garde
Ponges
les Pins
le Comte
Fontans
le Cros
les Estrets
Pont Estrets
la Baumette
Malavieillette
Salte-Bas
le Bes
Chazeirolles
Chazeirollettes
les Arisses
Croix de Fer
Lazuel
les Huttes
Pouchaldet
Masségeal
D 987
D 4
D 58
D 7
A 75
62
61
60
59
57
56
55
28
29
30
31
32
33

D'une intersection au Rouget `2 km` `40 mn`

> **20** Après le bois de pins, gagner le carrefour suivant.

▶ Séparation du GR® 4 qui se dirige à droite vers Le Malzieu.

Le GR® 65 poursuit au Sud-Ouest, pour passer au pied et à l'Est de la Vernède (1 209 m). Descendre ensuite par un large chemin qui traverse la D 987 pour atteindre **Le Rouget** (1 017 m).

Du Rouget à Saint-Alban-sur-Limagnole `3,5 km` `50 mn`

A Saint-Alban-sur-Limagnole :

Le Rouget tire son nom des grès rouges oligocènes, dont sont construites les maisons, les murettes et les croix des environs.

Le GR® traverse le hameau du **Rouget** en direction du Sud. Emprunter vers le Sud un large chemin qui passe sous une ligne haute tension, puis s'oriente au Sud-Ouest pour monter vers la D 987. La suivre à gauche sur quelques mètres.

> **21** Au carrefour, le GR® abandonne la D 987 pour prendre à gauche la route desservant l'hôpital psychiatrique. Contourner l'enceinte de l'hôpital dont les bâtiments modernes entourent le château. *A la vieille forteresse féodale des 15e et 17e siècles, tenue par la maison d'Apcher et dont il reste quelques vestiges, s'ajoutèrent des constructions Renaissance à trois galeries superposées, groupées autour d'une cour intérieure.*

Passer devant le portail qui donne accès à la cour intérieure. Entrer dans le bourg de **Saint-Alban-sur-Limagnole** (950 m).

De Saint-Alban-sur-Limagnole aux Estrets `7,5 km` `2 h`

Aux Estrets :

Eglise romane, remaniée à diverses époques, surmontée d'un clocher-mur à trois baies supportant un petit clocheton.

A **Saint-Alban-sur-Limagnole,** le GR® coupe la Grande-Rue (D 987) pour prendre la rue de la Tourelle, qui mène à la place de l'Hôtel-de-Ville en passant derrière l'église. Sur cette place, s'engager sur la gauche pour rejoindre la D 987 à la sortie Ouest du village ; l'emprunter à droite sur 400 m.

> **22** Après le terrain de sports, tourner à droite et monter vers une grande croix sculptée. Le GR® descend alors vers Grazières-Mages. Traverser le hameau en direction du Sud ; avant une croix de fer, tourner à droite puis à gauche pour traverser un béal (*bief de moulin*), puis la Limagnole (*à gauche à 500 m, sur la D 587, camping*).

> **23** Couper la D 587 pour monter par un chemin traversant un bois, puis une sagne. Au croisement, tourner à gauche, plein Sud, jusqu'à Chabanes-Planes. Emprunter vers le Sud-Est la route des Estrets jusqu'à la deuxième croix (croix de l'Azuel).

> **24** Là, tourner à droite (Sud-Ouest), laisser à droite un chemin conduisant à la Truyère. Décrire une courbe sur la gauche et descendre sur **Les Estrets** (940 m).

Aumont-Aubrac
GR 65
GRP
GRP Tour de l'Aubrac
GRP Tour de la Margeride
25
26
27
0
1 km
Carte IGN 2537
les Estrets
le Pont des Estrets
Masberal
Ponges
Malavieillette
Lestival
Tiracols
le Cheylaret
le Bouchet
la Croix
Javols
Longuessagne
Civeyrac
la Chazotte
les Fons
les Moulins
la Chaze-de-Peyre
Ste-Colombe-de-Peyre
Grandviala
Chancelades
Nozières
le Pécher
Truc du Pécher
Truc du Vivier
la Chadenade
Buffeyrettes
Boudonne
Truc de Fabre
Truc du Bouchet
la Tuile
le Mas Neuf
le Bois Bertrand
le Crozet
le Chapelat
les Huttes
Fangouse
Lachan

Des Estrets à la route D 7   `4 km` `1 h 15`

Petite église avec un clocher-mur à deux arcatures.

Le GR® arrive à l'Est des **Estrets**, derrière l'église, puis le traverse sur la D 7 pour gagner la N 106 qu'il suit à droite jusqu'au Pont-des-Estrets sur la Truyère. Peu après le pont, prendre à gauche, entre deux grandes bâtisses, l'ancien chemin d'Aumont. A l'embranchement de la D 7 (croix de carrefour), se diriger à gauche pour traverser le hameau de Bigose, puis emprunter à droite un chemin qui franchit le ruisseau de Bigose. Grimper une forte pente.

25 Poursuivre à travers bois et prendre à droite (Ouest) la route de Boudonne. Passer devant la croix de Castanier (*dont il ne reste que le socle et le fût brisé*), puis arriver à la **route D 7** (1 096 m).

De la route D 7 à Aumont-Aubrac   `3 km` `45 mn`

A Aumont-Aubrac :

Suivre à gauche la **D 7**, parallèlement à un chemin forestier. Peu après un vieux pigeonnier isolé, quitter la D 7 pour emprunter à droite un chemin parallèle. Atteindre le carrefour des D 7 et D 50. Arriver à l'entrée d'**Aumont-Aubrac** (1 050 m).

D'Aumont-Aubrac à La Chaze-de-Peyre   `4,5 km` `1h 15`

Eglise Saint-Etienne, avec, sur l'Est, des parties romanes.

▶ Attention ! Dernier point de ravitaillement avant Malbouzon.

Suivre la D 7 en direction du centre d'**Aumont-Aubrac.** Près d'une fontaine, emprunter la rue du Barri-Haut, passer place de la Croix, traverser la N 9. Continuer par la rue du Barri-Haut puis par l'ancien chemin Royal pour gagner la place du Cloître et monter la rue de l'Eglise. Déboucher ensuite place de l'Hôtel-de-Ville, à l'emplacement d'une ancienne porte de ville.

▶ Jonction avec le GRP® *Tour des Monts d'Aubrac.*

Les GR® passent place du Portail et empruntent l'avenue de Peyre. Au monument aux morts, tourner à droite sur la D 987, passer sous la voie ferrée.

▶ Séparation, à droite, du GRP®.

Prendre ensuite à gauche une route qui longe la voie ferrée. Avant le premier hangar, s'engager à droite (Sud-Ouest) sur un chemin montant entre deux clôtures et passant sous une ligne haute tension. Suivre une route à droite.

26 A une bifurcation, quitter la route pour s'engager à gauche (Sud-Ouest) sur un chemin qui passe sous l'autoroute. Prendre à gauche le premier chemin et rejoindre la route de La Chaze (1 016 m).

27 Emprunter à droite la route jusqu'à **La Chaze-de-Peyre** (1 040 m).

L'Aubrac

Buron en Aubrac. *Photo J. Gribble.*

Un paysage pastoral

Lorsqu'ils surgissaient des douces ondulations de la Margeride par les cols de la Croix du Fau et de l'Hospitalet Saint-Roch, les pèlerins de Compostelle voyaient surgir devant leurs yeux une immense mer de gazon dru où affleuraient quelques cailloux de granit et de basalte. Aujourd'hui partagé entre la Lozère, l'Aveyron et le Cantal, l'Aubrac n'a pas beaucoup changé, moutonnant à plus de 1 200 m et culminant à 1 469 m au signal de Maillebiau. Tapissé de pâturages à perte de vue, son territoire est divisé en quelque 300 « montagnes », issues des grandes exploitations monastiques dans l'Aubrac du 12e siècle. Cette répartition correspond aux pacages que se partagent les propriétaires de troupeaux durant l'estive. Par endroits, les pâtures ont conservé leur ourlet de pierres, provenant de l'épierrement des champs, qui permettait autrefois d'assurer la rotation des pâturages et la repousse de l'herbe. Hanté jadis par les moutons, l'Aubrac appartient désormais aux bovins. L'ensemble du cheptel s'élève à quelque 50 000 têtes pour 109 communes. On reconnaît les vaches de la race d'Aubrac à leur robe couleur de miel, leurs yeux cernés de noir et leurs cornes en forme de lyre. Cette petite vache des plateaux est issue du « bos longifrons », dont l'agilité et le pas sûr la rendent si parfaitement adaptée au terrain qu'on s'amuse parfois à la comparer à la chèvre.

Une terre de transhumance

Sur les terres de l'Aubrac, le rite ancestral de la transhumance est toujours vivace. À la Saint-Urbain (23 mai), les troupeaux quittent la vallée pour les pâturages. Ils y resteront durant les mois d'estive pour se gaver de luzerne, de fenouil, de salsifis sauvage, d'absinthe et de gentiane, imprégnant lait et fromages de subtiles saveurs. Enfin, le 13 octobre, jour de la Saint-Géraud, les bêtes rejoignent leurs quartiers d'hiver. Comme jadis, un bruyant et joyeux rassemblement signale deux fois par an, la montée et la descente des troupeaux, et même si les vaches ne sont plus décorées avec moult plumets, pompons et fanions tricolores, on ressort fréquemment les costumes d'antan. Sous la houlette d'un berger responsable de plusieurs cheptels, les troupeaux remontent les drailles, ces grands chemins de transhumance souvent bordés de murettes de pierres sèches dont l'origine se perd dans la nuit des temps. Du passé, l'Aubrac conserve un chapelet de petites églises où les bergers se rendaient en pèlerinage, pour confier leurs troupeaux à la protection divine.

Les derniers buronniers

L'Aubrac était parcouru par les buronniers, ces bergers appelés ainsi pour le « buron », leur abri de pierre durant l'estive. Cette maison basse de basalte et de schiste, recouverte de lauzes, se trouve généralement enfoncée dans un talus, voire enterrée dans le sol, à l'abri des vents dominants. Parfois, elle se divise en deux bâtisses dont la plus petite était dévolue aux cochons. A l'étage, le grenier sert de chambre à coucher et de réserve de foin. Au rez-de-chaussée, les buronniers sous les ordres du *Cantalès* (chef) profitent de l'estive pour mouler la fourme ou la tomme.

Aujourd'hui encore, on fabrique ces fromages dont le Laguiole est le plus connu, selon une recette ancestrale que l'on attribue aux moines de la domerie d'Aubrac au 12e siècle. Le caillé, séparé du petit-lait, est égoutté dans un moule, puis lentement pressé. A ce stade, la tomme est utilisée pour l'aligot : plat national de l'Aubrac. Broyée et salée avant de mûrir 40 jours en cave, elle deviendra ce volumineux fromage à croûte craquante de 40 kg que les ignorants associent à tort au cantal. Un bon buron pouvait produire de 1,5 à 2 tonnes de Laguiole. Mais les traditions se perdent. Depuis longtemps, les monts d'Aubrac ne résonnent plus de l'*ahuc* : ces mélopées que se renvoyaient les buronniers. Sur les 300 burons que comptait l'Aubrac au début du siècle, seuls deux restent en activité : l'un près de Nasbinals, l'autre près d'Aubrac. Les derniers buronniers sont en voie de disparition, et avec eux la fabrication artisanale de la tomme.

Un des derniers buronniers de l'Aubrac.
Photo J.F. Salles.

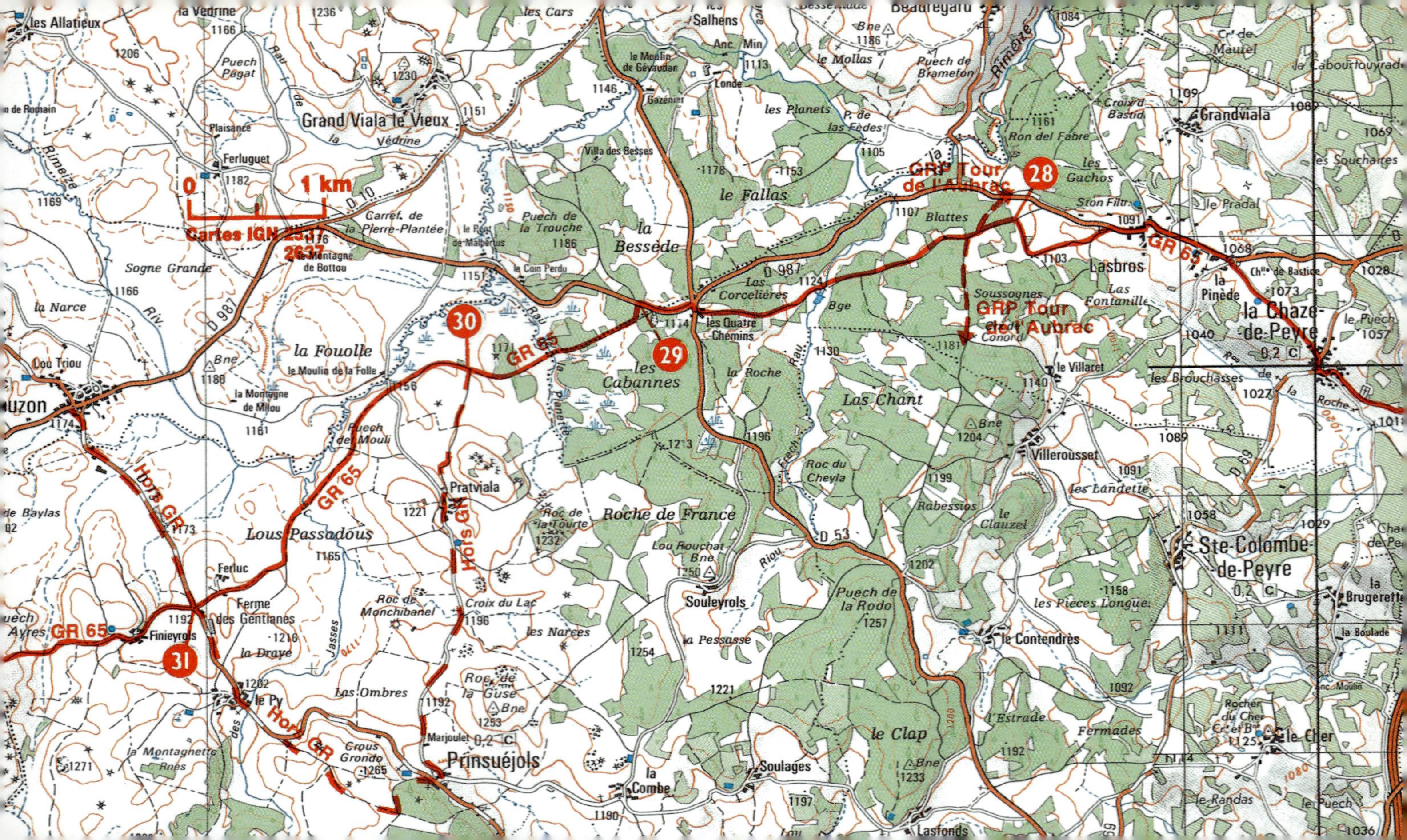

0
1 km
Cartes IGN 2537
2637
GR 65
GRP Tour de l'Aubrac
Hors GR
28
29
30
31
Grand Viala le Vieux
Grandviala
la Chaze-de-Peyre
Ste-Colombe-de-Peyre
Prinsuéjols
Lasbros
Villerousset
le Fallas
la Bessède
les Cabannes
Roche de France
Lous Passadous
la Fouolle
Pratviala
Finieyrols
le Py
Souleyrols
le Clap
Las Chant
les Quatre Chemins
le Contendrès
le Cher
Soulages
la Combe
Lasfonds
Salhens
Ferluguet
les Allatieux
D 987
D 53
D 10

De La Chaze-de-Peyre à Lasbros   2 km   30 mn

Sur la place de l'Eglise, deux croix : l'une début du 18e, avec sur la face le Christ et au dos la Vierge ; l'autre du début du 19e, plus grande, en trois corps à peu près égaux dont le fût est une colonne à chapiteau portant le croisillon. L'église : nef remaniée en 1728, après un effondrement causé par la chute du clocher, reconstruit en 1852 ; portail moderne ; côté Nord, chapelle gothique de 1522 ; abside semi-circulaire à modillons sculptés avec têtes d'hommes et d'animaux.

A la sortie Nord-Ouest de **La Chaze-de-Peyre**, le GR® emprunte la route jusqu'à la chapelle de Bastide. Ce sanctuaire, appelé aussi « la chapelette », a été remanié à diverses époques et a successivement porté les noms de la Trinité, de la Sainte-Croix, puis de Notre-Dame-de-la-Salette. A la chapelle de Bastide, le GR® suit à gauche la D 987 (ancienne voie romaine d'Agrippa) jusqu'à **Lasbros** (1 091 m).

De Lasbros aux Quatre-Chemins   4 km   1 h

Aux Quatre-Chemins :

A la sortie Ouest de **Lasbros**, le GR® quitte la route pour descendre à gauche un chemin goudronné ; plus loin, il tourne à droite (Nord), remonte le long d'un ruisseau.

28 Emprunter ensuite à gauche (Sud-Ouest) la « route vieille » qui, plus loin, franchit le ruisseau de Riou Frech, puis remonte jusqu'au carrefour des **Quatre-Chemins**.

Des Quatre-Chemins au moulin de la Folle   2,5 km   45 mn

Aux Quatre-Chemins, suivre la D 987 vers l'Ouest sur 400 m.

29 Bifurquer à gauche (Sud-Ouest) sur un chemin qui traverse un bois puis un pré marécageux à droite en suivant une clôture de barbelés et franchir à gué le ruisseau de la Planette. S'élever ensuite par un chemin qui contourne un mamelon.

> **Hors GR** pour **Prinsuéjols** (1 025 m) :   45 mn
>
> *A Prinsuéjols :*
>
> Suivre à gauche (Sud) le chemin passant par Pratviala. De Prinsuéjols, possibilité de rejoindre directement le GR® 65 au repère **31** *(voir tracé sur la carte).*

30 Le GR® 65 conduit au carrefour de la route de Pratviala, à proximité du **moulin de la Folle** (1 156 m).

Du moulin de la Folle à la route D 73   2,5 km   45 mn

A la ferme des Gentianes :   *(avec table d'hôtes)*

Près du **moulin de la Folle**, traverser la route reliant Pratviala à Prinsuéjols, longer à distance la Rimeize, franchir un pont de dalles de granit, arriver à la croix de Ferluc, laisser sur la droite la ferme et, par un chemin revêtu atteindre la route **D 73** (1 192 m).

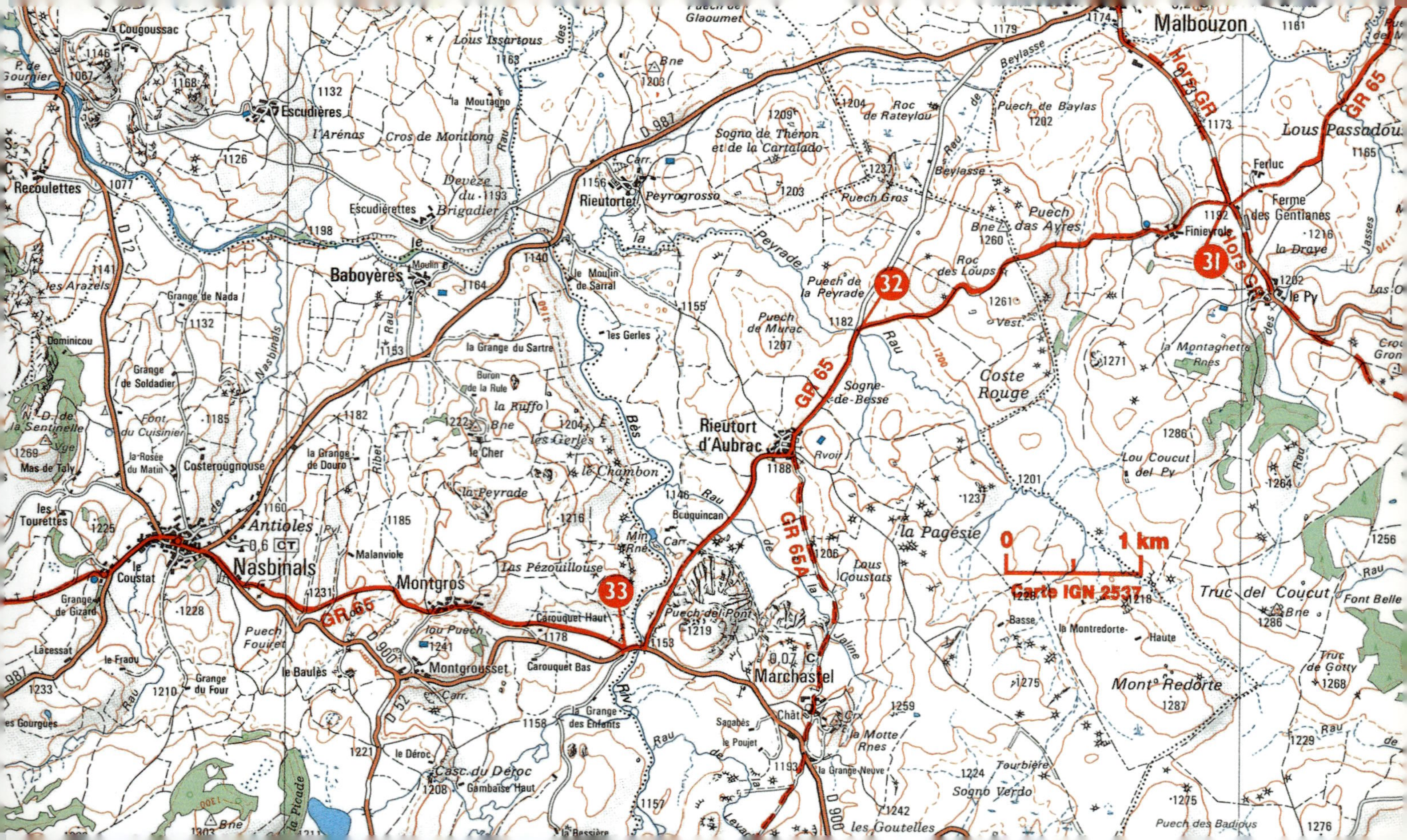

Malbouzon
Hors GR
GR 65
Lous Passadou
Ferluc
Ferme des Gentianes
Finieyrols
31
le Py
la Drayo
Puech das Ayres
Roc des Loups
32
Puech de la Peyrade
Puech de Baylas
Roc de Rateylou
Sogno de Théron et de la Cartalado
Puech Gros
Peyrograsso
Rieutortet
Coste Rouge
la Montagnette
Lou Coucut del Py
Sogne-de-Besse
Rieutort d'Aubrac
Puech de Murac
GR 65A
la Pagésie
0
1 km
Carte IGN 2537
Truc del Coucut
Font Belle
Truc de Gotty
Mont Redorte
la Montredorte-Basse
la Montredorte-Haute
Lous Coustats
Marchastel
la Motte
la Grange-Neuve
Sogno Verdo
Tourbière
les Goutelles
Puech des Badious
Puech del Pont
Bouquincan
33
Las Pézouillouse
Carouquet Haut
Carouquet Bas
Montgros
lou Puech
Montgrousset
la Grange des Enfants
Casc. du Déroc
Gambaise Haut
le Déroc
Sagabès
le Poujet
le Chambon
les Gerles
la Ruffo
Buron de la Rule
la Grange du Sartre
le Cher
la Peyrade
la Grange de Douro
Malanviole
Nasbinals
Antioles
le Coustat
Grange de Gizard
Puech Fouirel
le Baulès
Grange du Four
le Fraou
Lacessat
les Gourgues
Costerougnouse
la Rosée du Matin
Font. du Cuisinier
Grange de Soldadier
Grange de Nada
Dominicou
N.-D. de la Sentinelle
Mas de Taly
les Tourettes
Baboyères
le Moulin de Sarral
Escudiérettes
Devèze du Brigadier
Cros de Montlong
l'Arénas
Escudières
la Moutagno
Lous Issartous
Cougoussac
P. de Gournier
Recoulettes
les Arazels
D 987
D 12
D 900
D 52

De la route D 73 à Rieutort-d'Aubrac   4,5 km   1 h 15

Hors GR pour **Malbouzon** (1 174 m) `20 mn`

A Malbouzon : 🏠 🛒 🍴 ☕

Suivre la D 73 à droite.

Hors GR pour Prinsuéjols (1 205 m) `35 mn`

A Prinsuéjols : 🏠 🍴 ☕

Voir tracé en tirets sur la carte.

(31) Traverser la **D 73**. Par une route vers l'Ouest, gagner le hameau de Finieyrols. De là, s'engager à droite sur un chemin qui s'élève vers l'Ouest-Sud-Ouest en suivant une clôture de barbelés. Au sommet de la colline (1 273 m), on aperçoit le roc des Loups. Déboucher sur la Grande Draille que l'on emprunte à droite pour descendre au pont sur la Peyrade.

(32) Prendre à gauche la route jusqu'à **Rieutort-d'Aubrac** (1 188 m).

De Rieutort-d'Aubrac à Montgros   3,5 km   1 h

A Montgros : 🏠 🍴 ☕

Four banal et deux abreuvoirs-fontaines de granit.

▶ De Rieutort-d'Aubrac, le randonneur a deux possibilités pour gagner Aubrac : soit le GR® 65 qui passe par Nasbinals, soit la variante GR® 65A qui passe par Marchastel *(chambre d'hôtes)*, puis le lac Saint-Andéol *(décrite page 75)*.

A **Rieutort-d'Aubrac**, le GR® 65 emprunte vers le Sud-Ouest la route menant au pont de Marchastel. Rejoindre la D 900.
A droite, un élevage de bovins a remplacé le moulin de Buckingham, du nom du célèbre capitaine anglais qui y subit une défaite. Ce site est dénommé dans le pays « Moulin de Bounquincan ».

Le GR® franchit le pont avec la D 900.

(33) S'engager à droite (Ouest) sur un chemin conduisant à **Montgros** (1 234 m).

De Montgros à Nasbinals   3 km   45 mn

A Nasbinals : 🏠 🏨 ⛺ 🛒 🍴 ☕ ℹ️

A la sortie de **Montgros**, laisser à gauche la route de Montgrousset et emprunter à l'Ouest un chemin passant devant le cimetière et arriver à **Nasbinals** (1 180 m).

Plantes de l'Aubrac

La digitale, fleur de l'Aubrac. *Photo J. F. Salles*

La gentiane pousse sur les versants de l'Aubrac. *Photo J.F. Salles.*

Le thé d'Aubrac
Parmi les quelque 12 800 plantes qui poussent sur les ondulations de l'Aubrac, dont l'armoise, la digitale, l'arnica et la menthe sauvage, le thé d'Aubrac est une spécialité locale. Appelé aussi « calament », il se reconnaît à ses feuilles argentées, ses grappes de fleurs roses et son odeur suave. Ses fleurs recueillies en été avant d'être séchées, produisent une infusion reconnue pour ses qualités toniques, sédatives et digestives.

La gentiane
Portant haut ses fleurs jaunes, la gentiane aux larges feuilles coriaces pousse sur les versants les plus sauvages de l'Aubrac, qu'elle égaie de ses couleurs vives. Il faut attendre une trentaine d'années pour que les racines fourchues puissent être utilisées. Armé d'une pioche à deux longues dents, le « gintianaïre » arrache ces racines de plus d'un mètre, à l'odeur forte et la saveur amère. Il peut ainsi récolter jusqu'à 300 kg de racines en une journée. Appréciées pour leurs vertus apéritives, toniques et fébrifuges, elles entrent directement dans la composition d'apéritifs, ou sont mises à sécher pour l'industrie pharmaceutique.

La Lozère religieuse

Divisée entre une majorité catholique au nord et protestante au sud, la Lozère est longtemps restée profondément imprégnée de religion. Plusieurs siècles durant, les Réformés ont choisi les montagnes lozériennes comme refuge pour défendre âprement leur religion contre les catholiques. En toute logique, la via Podiensis traverse le nord du département où l'empreinte du catholicisme a laissé d'innombrables croix de pierre aux carrefours ou à l'entrée des villages. Jusque récemment, chaque famille catholique comptait un prêtre ou une religieuse dans ses rangs. Jusqu'au début du siècle, la Fête-Dieu était l'occasion d'innombrables processions à travers les bourgades. À travers les rues étaient tendus de grands draps blancs que l'on décorait de fleurs des champs. Le Jeudi saint, les nombreuses confréries de Pénitents défilaient en procession dans la ville.

L'habitat en Lozère

Intérieur d'une maison de l'Aubrac.
Photo J.F. Salles.

Les villages lozériens paraissent repliés sur eux-mêmes avec leurs belles maisons en granit aux fenêtres étroites, disparaissant sous les toits lourds aux multiples facettes imbriquées les unes dans les autres. Solidement charpentée et empierrée, la demeure traditionnelle est coiffée d'une couverture de lauzes. Pour accéder aux pièces d'habitation, il faut traverser l'étable, où se trouve la seule porte d'entrée. Distribuée autour de la cheminée, la salle commune s'entoure de boiseries dans lesquelles sont intégrés lits, placards et vaisseliers. La maison de l'Aubrac se reconnaît à sa crémaillère à crocs, *lou comacle*, suspendue dans l'âtre. A l'arrière, la *souillarde* pourvue de sa pierre d'évier, sert à la préparation des repas et aux multiples tâches ménagères.

Les toits de lauzes

Feuille de schiste, de calcaire ou même de grès, la lauze excelle à protéger les constructions des rigueurs climatiques. Traversant les siècles sans s'altérer, elle résiste à merveille aux rudes hivers lozériens où les accumulations de neige peuvent atteindre un mètre d'épaisseur comme aux fortes hausses de température estivales. Teintant généralement les toits de son manteau d'écailles gris-bleu, la lauze décline, en fonction de son origine, toute une palette de nuances variées allant du rouille au bleu, émaillant son gris de pigments d'argent en présence de mica. Pesant quelque 80 à 200 kg par m^2, la lauze exige des charpentes d'une robustesse à toute épreuve. Pour cette raison, à cause de son coût élevé et du délai de fabrication (une année), la lauze avait été pratiquement abandonnée au profit d'autres matériaux. Le processus s'est trouvé facilité par le fait que l'ardoise et la tuile canal n'ont pas nécessité de changer la pente du toit. En effet, celle-ci a pu être conservée dès lors que l'ardoise se substituait à la paille (encore en usage dans l'Aubrac au siècle dernier) et la tuile canal à la lauze. Pourtant, on revient depuis peu à la lauze et la Lozère compte aujourd'hui une douzaine de carrières en activité.

Les toits de lauze.
Photo P. Fournier.

Nasbinals
Montgros
Antioles
Costerougnouse
Malanviole
le Coustat
Grange de Gizard
GR 65
34
35
Station du Fer à Cheval
la Vincente
Pascalet
Ginestouse Bas
Ginestouse Haut
Puy de Gudette
Crx des Trois Evêques
les Truques d'Aubrac
F. Communale de Condom d'Aubrac
Bois de Rigambal
Station de ski du Cabrier
Ginestouse
le Buisson Haut
le Buisson-Bas
les Granges
Lac des Salhiens
la Picade
Salhiens
la Garde
les Moussous
le Royal Anc. Sanat.
Rigambal-Haut Buron
Rigambal-Bas
Aubrac
GR 65A
GR 6A
Mayé-Nove
Grandilhoc
FORÊT
Fontanilles
Fontanilles-Haut
Fontanilles-Bas
Puech saint-Geniez
L. de Souveyrols
le Pesquier-Haut
le Pesquier-Bas Buron
Anc. Digue
Puech Cremat-Bas
le Barthas
Place-Naltes
M O N T S
0
1 km
Cartes IGN 2537
2538
D 987
D 15
D 219
D 52
D 900
D 533

De Nasbinals au sentier de Ginestouse   6 km   1 h 45

Nasbinals : église romane du 14e siècle, construite en basalte brun sous ses toits de schiste. Elle développe un plan harmonieux de nef unique, compris par un transept sur lequel se greffe l'abside principale précédée d'une travée droite et de deux absidioles. Le clocher octogonal coiffe la croisée. Le portail, à double voussure en plein cintre, s'ouvre au sud sur la place du village : trois de ces chapiteaux sont sculptés de feuillage, le quatrième, remarquable, présente le combat d'un sagittaire et d'un lancier.
A l'intérieur, la coupole couvre la croisée délimitée par quatre fortes arcades doublées que supportent des colonnes massives. Le pourtour polygonal de l'abside est enjolivé d'une galerie de petites arcadures en plein cintre (d'après R. Oursel).

Le GR® traverse **Nasbinals** par le foirail et la rue principale, suit la D 987 en direction d'Aubrac jusqu'au lieudit Le Coustat où il prend à droite une route, puis un chemin empierré menant au pont de Pascalet sur le ruisseau de Chamboulièrs.

34 Franchir le pont et emprunter d'abord sous bois, ensuite en terrain dégagé, une draille partiellement marquée qui monte vers deux burons, s'oriente vers le Sud puis vers l'Ouest, et, à travers des pâturages, se dirige vers le buron de Ginestouse-Haut. Le laisser au Nord-Ouest. Poursuivant vers le Sud par une trace, le GR® croise le **sentier de la ferme de Ginestouse** (1 315 m) située à l'Est, hors GR®.

Du sentier de la ferme de Ginestouse à Aubrac   3 km   45 mn

A Aubrac :

▶ A 1 km à l'Ouest, possibilité d'aller à la croix des Trois-Evêques (*non balisé*).

35 Du **sentier de la ferme de Ginestouse**, le GR® suit la Grande Draille qui se dirige plein Sud vers **Aubrac** (1 307 m).

L'église de Nasbinals, en Aubrac.
Photo L. Olivier.

Aubrac

Eglise Notre-Dame-des-Pauvres et tour des Anglais. *Photo M. Wasielewski.*

C'est en « un lieu d'horreur et de vaste solitude », soumis à des froids rigoureux (1 300 m d'altitude), et infesté par les loups et les bandits, qu'Adalard, pèlerin de Compostelle d'origine flamande, a fondé l'hospice d'Aubrac entre 1120 et 1122.

Les locaux furent édifiés en bordure du chemin et comportaient une église (l'actuelle église Notre-Dame-des-Pauvres), des bâtiments conventuels (aujourd'hui complètement disparus), un hôpital (dont le petit bâtiment à fenêtres à meneaux, sur le côté droit de la route en venant de Nasbinals, face au cimetière, est l'ultime vestige), une auberge et un cimetière. Quant à la tour des Anglais, érigée à proximité de l'église, c'est une fortification datant de l'époque de la guerre de Cent Ans qui se révéla parfaitement inutile.

Un hôpital (au sens médiéval du terme : maison des hôtes) comme celui d'Aubrac, tenu par les chanoines réguliers de saint Augustin (dont le rôle a été aussi important, si ce n'est plus, que celui des Clunisiens pour secours apportés aux pèlerins), pratiquait, au bénéfice des pieux voyageurs, les « œuvres de miséricorde » corporelles et spirituelles. Dès leur arrivée, les pèlerins étaient accueillis par le « Dom » (chef de la communauté,

Vestiges de la Domerie d'Aubrac. *Photo L. Olivier.*

du latin *dominus*, d'où le nom de « domerie » donné à l'hôpital d'Aubrac) qui se mettait à leur service et leur offrait de l'eau pour se laver les mains. Puis, l'ensemble de la communauté leur préparait de la nourriture et un bon lit, leur prodiguait quelques soins hygiéniques fort bien venus après une longue marche : « lavement des pieds » à l'eau chaude et « nettoiement des vêtements » pour les débarrasser des poux et « souillures » de la route. Dans tous ces gestes, le symbolique est intimement mêlé à l'utile. Les allusions à l'Ecriture sont évidentes : accueillir un pauvre, n'est-ce pas accueillir le Christ en personne ?

Les donats, les frères et les sœurs
Les pèlerins malades étaient reçus dans un local spécial : l'infirmerie. La crainte des épidémies interdisait, en effet, de les mêler aux bien portants. C'étaient les sœurs qui étaient en charge des malades : elles veillaient à leur assurer une nourriture plus recherchée, de meilleurs lits bien garnis et un éclairage permanent de façon à leur épargner les angoisses nocturnes. Des soins d'hygiène plus raffinés leur étaient assurés, comme se laver à l'eau courante ou prendre des bains. Les malades pouvaient séjourner à l'infirmerie jusqu'à leur guérison. Leurs éventuels compagnons de voyage étaient autorisés à les attendre. Quant à ceux qui achevaient là leur pèlerinage de vie, on pratiquait pour eux l'ultime œuvre de miséricorde spirituelle en leur donnant une sépulture chrétienne dans le cimetière de l'établissement.
Pour rendre pareils services, la communauté hospitalière était assez nombreuse et répartie en plusieurs catégories : les *donats*, personnes ayant fait don d'elles-mêmes à la communauté pour se mettre « au service des frères » ; les frères (et sœurs) auxquels incombait la responsabilité du fonctionnement quotidien de l'hôpital ; les chevaliers qui devaient sillonner les routes des alentours pour les surveiller et protéger les voyageurs, voire retrouver les égarés lorsque la « cloche des perdus » ne tintait pas ; enfin les prêtres, qui assuraient la charge spirituelle de l'hôpital par la célébration de l'office divin et l'administration des sacrements, fonction, dans l'esprit médiéval, plus importante que celles qui consistaient à soulager les corps : ils furent jusqu'à 40 alors que les chevaliers ne furent jamais plus de 4 et les sœurs soignantes 30. On ne saura jamais si cet effectif était adapté au nombre de pèlerins à accueillir. Aucune statistique n'était tenue au Moyen Age et on ne peut pas savoir combien de pèlerins se présentaient chaque jour. Leur nombre était sans doute très variable selon les saisons et les années...
Peut-être n'étaient-ils pas plus nombreux que les pèlerins d'aujourd'hui… ?

Le chemin de Saint-Jacques près de Montgros.
Photo J.F. Salles.

GR 65
GR 65A
A
0
1 km
Cartes IGN 2537
2538
Rieutort d'Aubrac
Marchastel
Montgros
Montgrousset
la Bessière
Puech Palat
Puech Grosse
Mgne de la Baysse
L. de Saint-Andéol
Mgne de Cap Combattut
Cap Combattut
L. de Born
la Pagésie
Coste Rouge
les Goutelles
Sogno Verdo
la Grue
les Pierres des Deux-Sœurs
Rabiols
D 900
D 52
A U B R A C

Variante non balisée de Rieutort-d'Aubrac à Aubrac par le lac de Saint-Andéol

Il est probable que pour gagner la domerie d'Aubrac par beau temps, certains pèlerins attirés par le site sauvage, peut-être aussi par la légende du lac Saint-Andéol et par la station gallo-romaine d'Ad Silanum, empruntaient des chemins et sentiers conduisant de Rieutort à Aubrac par Marchastel, le pont des Nègres, Montorzier, et Pendouliou-de-Fabrègues. Cet itinéraire, particulièrement séduisant pour les randonneurs, est devenu une variante du GR®.

▶ Attention ! l'itinéraire n'est pas balisé entre Rieutord-d'Aubrac et le Pendouliou-de-Fabrègues. Il n'est praticable que par très beau temps (*attention aux tourbières entre le pont des Nègres et la forêt d'Aubrac, aux troupeaux, nombreuses clôtures*).

De Rieutort-d'Aubrac à Marchastel   2 km   30 mn

Dans **Rieutort-d'Aubrac,** la variante prend, à gauche du four banal, le vieux chemin goudronné conduisant à **Marchastel**.

De Marchastel au lac de Saint-Andéol   5,5 km   1 h 30

A Marchastel :

Village bâti au pied d'un mamelon caractéristique en forme de pain de sucre et qui supportait un château fort. A voir : l'église et son clocher à peigne ainsi qu'une croix de Malte sur une murette voisine.

De l'église de **Marchastel**, la variante poursuit en direction du Sud, par un chemin revêtu qui traverse la D 900, franchit le Bès sur un pont de pierre et monte à la ferme de Puech-Palat.

A De là, suivre d'abord sur 100 m une ligne électrique en direction du Sud, puis obliquer à gauche vers un mamelon surmonté d'une large murette de granit. Longer ensuite, constamment à droite, cette murette jusqu'à la corne Ouest de la « montagne » de Cap Combattut. Arriver près de la ferme de Cap Combattut, sur les hauteurs du **lac de Saint-Andéol** (1 225 m).

Le plus important des quatre lacs de l'Aubrac.
Situé sur la montagne de Cap Combattut, à 800 m de la D 52, il a une superficie de 12 ha et une profondeur atteignant, en certains points, 40 m.
Il doit son nom, ainsi que la ville de Bourg-Saint-Andéol, à l'apôtre du Vivarais qui subit le martyre vers 208, sous l'empire de Septime Sévère.
C'est l'évêque de Mende, Ilère, qui pour combattre les rites païens dont le lac était l'objet (offrande de pain, fromage, toisons et pièces de monnaie, pour apaiser le bruit des cloches sonnées par le démon, provenant vraisemblablement du choc des vagues sur les roches volcaniques immergées) le consacra sous ce nom au 6e siècle, et fit édifier une chapelle le dominant dont les ruines se voyaient encore en 1853 (selon J. Ignon).

Rites du départ

Le départ en pèlerinage, voyage lointain et non sans dangers, donnait lieu à l'accomplissement d'un certain rituel.

Tout d'abord, les pèlerins se faisaient bénir et remettre les éléments de base de leur équipement, le bourdon et la besace, par le curé de leur paroisse qui, en même temps, leur remettait un sauf-conduit attestant de leur qualité.

Ensuite, venaient les précautions plus matérielles, comme des donations à des établissements religieux, ou (à partir de la fin du 12e siècle) la rédaction d'un testament pour le cas où le voyage tournerait mal.

Enfin, bien souvent (surtout lorsqu'il existait localement une confrérie de pèlerins), les membres de l'entourage du partant avaient coutume de lui faire escorte, au moins jusqu'aux limites de la paroisse.

Le départ des pèlerins pour Compostelle. *Photo CDT Aveyron.*

Ancien hôpital Saint-Jacques à Saugues.
Photo M. Wasielewski.

L'hygiène du pèlerin

Les grands hôpitaux, tels Aubrac ou Saugues, se préoccupaient des soins d'hygiène à prodiguer aux pèlerins tant pour leur bien-être que pour endiguer (autant que faire se pouvait !) la propagation des épidémies tout au long des routes de pèlerinage parcourues (faut-il le rappeler ?) par un grand nombre de malades en quête de guérison.

Mais, en dehors de ces lieux, le pèlerin devait faire son affaire de sa toilette.

Le lieudit Lavacolla (aujourd'hui aéroport de Compostelle) rappelle ce rituel de la purification préalable à l'entrée dans la Ville Sainte : « une rivière nommée Labacolla, parce qu'en l'endroit boisé où elle passe, à deux milles de Saint-Jacques, les pèlerins de nationalité française qui allaient à Saint-Jacques, se déshabillaient et, par amour de l'Apôtre, avaient coutume de se laver non seulement leurs parties intimes, mais encore la saleté de tout leur corps ».
Le toponyme subsistant de nos jours, témoin de ce rituel, évoque aussi la truculence des hommes du Moyen Age qui, sans fausse pudeur, appelaient les choses par leur nom : *colla* dérive du galicien *colo* et du bas-latin *collum* signifiant « giron », c'est-à-dire la partie du corps comprise entre la ceinture et les genoux d'une personne assise.

Le rituel de cette toilette complète fut respecté au moins jusqu'au 18e siècle ; l'Italien Domenico Laffi le décrit soigneusement comme une coutume bien vivante, en 1670. A ce même souci de purification physique et spirituelle se rattache l'utilisation de l'encensoir géant dit *botafumeiro* dans la cathédrale de Compostelle. Son spectaculaire mouvement de balancier montant d'un côté à l'autre du transept lui faisant frôler les voûtes, assure le symbolique encensement de l'autel et permettait, jadis, de masquer l'odeur nauséabonde qui se dégageait de la foule des malades en prière.

B
C
D
E
36
Aubrac
GR 65
GR 65A
GR 6A
GR 6
GRP
GRP Tour de l'Aubrac
GR 6 GRP Tour de l'Aubrac
0
1 km
Carte IGN 2536
MONTS D'AUBRAC
FORÊT DOMANIALE D'AUBRAC
Grandilhoc
de Rigambal
Puech Saint-Geniez
L. de Souveyrols
L. de Saint-Andéol
Place Naltes
Rnes Romaines
Puech Crémat-Bas
Puech Crémat-Haut
Montorzier
le Théron
la Palle
Cammejane Buron
le Puech du Pommier
le Pesquier-Haut
le Pesquier-Bas Buron
Fontanilles
Fontanilles-Haut
Fontanilles du Milieu
Fontanilles-Bas
les Frachibes
le Buisson-Bas
Buron des Nègres
Ste-Marthe
Plèches-Basses
Plèches du Milieu
Plèches-Hautes
Places-Hautes
P. des Nègres
le Barthas
le Pendouliou de Fabrègues
le Pendouliou de Ramel
le Trapet
Trap du Milieu
le Trap-Haut-Buron
Puech los Egos Buron
la Palle del Trap
la Rozière-Basse
Salles-Hautes
Campuels
Roc de Campuels
Ston de ski de Brameloup
Téléskis
Tournecoupe
la Roque
le Martinet
Monterbosc
Sinhourcet
Mas Nouvel
la Vaysse
la Picade
la Bésalière
la Borie-Noire
la Vergne
les Touzes
Castel-Vieil
Prat Fangous
Mayé-Nove
Rigambal-Bas
le Royal Anc. Sanat.
les Bouals
les Moussous
Haut Buron
D. 987
D. 219
D. 533
D. 15
D. 52
1307
1339
1375
1302
1359

Du lac de Saint-Andéol à Ad Silanum   4 km   1 h 15

De la croix dominant le **lac de Saint-Andéol**, à l'emplacement de l'ancienne chapelle, prendre le sentier qui mène au buron en ruine du Cap Combattut (1 256 m) au-dessus de la D 52. Contourner le buron, puis à flanc de coteau descendre peu à peu vers la D 52. L'emprunter à droite jusqu'au pont des Nègres.

Le pont des Nègres ou des Noirs offre, avec ses blocs de basalte dans le lit du ruisseau des Plèches, une curiosité : des colonnes d'orgue et des dalles prismatiques formant des cascatelles.

Peu après le pont des Nègres, quitter la route pour monter à gauche, à travers prés (*attention aux tourbières*) jusqu'au buron des Places-Hautes (*écurie*) ; là, prendre vers l'Ouest un sentier qui, par la crête, gagne le chemin de Montorzier.

B L'emprunter à gauche sur 250 m. Le quitter pour continuer à droite (Sud-Ouest) à flanc de coteau jusqu'au site d'**Ad Silanum** (*à la source*).

D'Ad Silanum à une intersection   3 km   45 mn

Ancienne station romaine sur la grande voie d'Agrippa de Lyon à Toulouse. Traces visibles de fouilles.

C Du site d'**Ad Silanum**, la variante passe à gué le ruisseau de Fontanilles et longe, à flanc de coteau, en direction du Sud-Sud-Ouest, un autre ruisseau. Le franchir et atteindre une **intersection** avec la route d'accès de la ferme de Montorzier (*hébergement de dépannage*).

De l'intersection à un carrefour   2,5 km   45 mn

A Aubrac :

▶ Par temps de brouillard, l'itinéraire jusqu'à Aubrac est très difficile à suivre. Dans ce cas, emprunter la variante plus au Sud *(en tirets sur la carte)* qui utilise le GR® 6.

D De l'**intersection**, le GR® 65A tourne à droite (Ouest), traverse la route D 219, grimpe vers le buron de Cammejane. Il descend ensuite plein Ouest et atteint un **carrefour**.

Du carrefour à Aubrac   2,5 km   45 mn

▶ Jonction avec le GR® 6A venant des Enflux.

E Du **carrefour**, poursuivre sur la route en longeant la Boralde de Saint-Chély, franchir sur une passerelle le ruisseau du Pesquié, puis continuer un peu dans les pâturages. Emprunter une draille sur la droite, passer à gué le ruisseau d'Aubrac et gagner le village d' **Aubrac** (1 307 m).

Aubrac
St-Chély-d'Aubrac
Belvezet
GR 65
GR 65A
GR 6A
GR 6
GRP Tour de l'Aubrac
FORÊT DOMANIALE
Grandilhoc
Monterbosc
Campuels
Tournecoupe
la Roque
le Martinet
Vergne-Grande
Brameloup
les Enfrux
Mas Nouvel
Roc Guiral
Greffeuille
Aulos
Renjard
Pitaucen
Salecroup
le Pouget-Jouve
Cabassuts
les Cambrassats
Rigambal-Bas
Mayé-Nove
la Picade
la Besalière
Boralde
Croix du Triadou
Carte IGN 2538
0
1 km
36
37

D'Aubrac à Belvezet 4 km 1 h

▶ Point de jonction avec la variante GR® 65A venant de Rieutort-d'Aubrac par Pendouliou-de-Fabrègues (*voir pages précédentes*).

De la place d'**Aubrac**, le GR® emprunte la route départementale en direction d'Espalion. La suivre sur 500 m.

36 La quitter pour s'engager, à gauche, dans un sentier traversant un bosquet, puis une clairière. Franchir à gué un ruisseau, suivre un large chemin d'exploitation. Dans la descente, laisser tous les chemins à droite. En vue de la tour en ruines, prendre un chemin étroit à gauche qui conduit au pied du neck volcanique de Belvezet (1 144) m), piton portant les ruines d'un donjon. Le contourner et arriver à **Belvezet**.

De Belvezet à Saint-Chély-d'Aubrac 4 km 1 h

A Saint-Chély-d'Aubrac :

Sur le rocher, restent des vestiges du château des seigneurs de Belvezet connus dès le 13e siècle. Ils avaient leur tombeau à Sainte-Côme dans la chapelle de la Boysse (ou de la Bouisse).

Après la dernière maison de **Belvezet**, le chemin s'enfonce entre les frênes ; après 300 m, il débouche sur un carrefour dont le sol est formé de grandes dalles en pierre ; remonter à droite sur quelques mètres, puis bifurquer à gauche.

37 Franchir le ruisseau de l'Aude et descendre vers la ferme de La Vayssière. Emprunter à gauche la route descendant à **Saint-Chély-d'Aubrac** (808 m).

Avant Saint-Chély, les pèlerins étaient reçus par les moines de la domerie d'Aubrac, « le grand Saint-Bernard de la France » selon Chateaubriand. Seules subsistent l'église et une tour portant la « cloche des Perdus », qui sonnait pour les pèlerins égarés dans l'Aubrac. Dans l'église, une statue représente saint Jacques en pèlerin.

La première fondation monastique de Saint-Chély-d'Aubrac remonte aux années 1076-1082 ; elle est l'œuvre des Bénédictins de Saint-Victor de Marseille. Ceux-ci se sont installés à Nasbinals en 1074, ce qui signifie qu'en six ans maximum, grâce à ces deux fondations, la traversée de l'Aubrac s'est trouvé largement modifiée et grandement améliorée. On imagine que des prieurés voisins, appartenant qui plus est à la même abbaye, devaient entretenir entre eux des relations très régulières. Tandis qu'auparavant il fallait couvrir presque 120 km entre les prieurés de Saint-Privat et de Perse, à partir de 1082 une halte devint possible à Nasbinals, puis à Saint-Chély.

le Puech
la Fabrègue
le Pouget-Viel
Rvoirs
la Porro
D 987
Bne 1050
Galic
Salecroup
D. 19
Greffeuille
Garric
Renja
le Bouissou
GRP
GR 65
GR 6
la Borrette
St-Chély-d'Aubrac
Condom
le Pouget-Jouvé
Vergnoles
la Plagne
la Borie du Gasc
Pyl.
les Garrigues
les Ranquets
Razals
Versailles
Jalasou
le Béraldès
Tercoudrs
la Devèze
Tabour
Ambessière
le Recours
les Clamens
Régaussou
Boralde de St-Chély-d'Aubrac
Bne
la Lande
Rvoir
Prat Lac
St. Epur
Bonailles
les Cambrassats
Pradinas
Sce Captée
Borie de Griffoul
Anc. Voie Romaine
les Doulcets
Boralde de Régaussou
Salgues Hautes
Salgues Basses
St. Pomp.
la Bessière
les Moissets
les Mirabels
les Poujouls
Rioulares
GR 65
GR 6
l'Estrade
Vennac
les Veyssets
Liandis
Rvoir
la Vernière
Pelorgues
Fraissinies
Artigues
le Mas del Rey
la Forêt
Valesques
Estremailles
la Mérigueyrie
la Serre
Rioubelou
Rioubel
la Caze
Vignac
Cancels
Cayrac
la Line
Belloup
le Sarret
la Pomarède
Brégous
Joanneng
le Moulin des Tendes
le Franc
Raynals
Castelnau-de-Mandailles
Vernet
Bonauberg
la Combette
la Roque
Lestival
Mas Nouvel
Gilhodes
la Perdiserie
le Pouget
la Gazelle
les Guiraldes
la Trappe
les Plos
Puech du Grès
la Molière
Résurg.
Vincent
le Seguinerie
Devezette
Causs
0 1 km
Brousse
Mas del Puech
le Cambon
Cartes IGN 2438 - 2538
le Trescol
Puech de Condamines
le Gircoules
Beauregard
la Cassagne
Roumégous
Salesses
le Bousquet d'Olt
Dissès
la Coste
le Plantou
le Bouscaillou
D 141
Mandailles
Bossonade
Sisterne
Malaverne
Condamines
Moulin du Gourg
le Mas
Caplong
les Colombies
D 557
D. 19
38
39
40

De Saint-Chély-d'Aubrac à Saint-Côme-d'Olt   16 km   4 h 15

A Saint-Côme-d-Olt : 🏠 🏛 🛒 ☕ 🍴 ⛺

A Saint-Chély, on peut remarquer le calvaire du 16e siècle sur le vieux pont qui enjambe la Boralde. Sur le socle au pied de la croix, un petit pèlerin est sculpté dans la pierre, il tient son bourdon (bâton) et égrène son chapelet.

Dans **Saint-Chély**, traverser la place de la Mairie, emprunter à gauche la rue longeant l'école et descendre vers le vieux pont qui enjambe la Boralde de Saint-Chély.

▶ Jonction avec le GR® 6 venant du Pendouliou-de-Fabrègues.
Vers le Sud, les GR® 6 et GR® 65 ont un tracé commun jusqu'à Cahors.

Après le pont, monter à droite pour passer au-dessus du cimetière. Atteindre la D 19 et la suivre sur 500 m. Gagner le hameau du Recours.

38 Après ce hameau, les GR® s'enfoncent à droite dans un chemin de terre traversant une hêtraie. Retrouver la route et arriver aux Cambrassats. Après la première maison, emprunter un sentier à gauche. Passer à Foyt et prendre le premier sentier à droite. Retrouver la route et la suivre à droite. Laisser sur la gauche la route qui va à Vennac et plus loin sur la droite, la route qui mène à La Bessière.

39 A l'intersection suivante, prendre à droite le chemin menant à Lestrade. Traverser ce hameau. Suivre le balisage pour atteindre un large chemin. Traverser une châtaigneraie dans la direction Sud-Sud-Ouest, couper une route et prendre un chemin pour descendre jusqu'au ruisseau de Cancels qu'il faut franchir à gué. Remonter jusqu'à la route. La suivre à droite sur 200 m.

40 Au carrefour avec la D 557, s'engager en face dans un chemin creux qui passe sur un vieux pont (*à peine visible tant la végétation est dense*) et rejoindre la D 557 qu'il faut suivre sur 1 km environ.

41 Tout de suite avant un pont, prendre à droite le chemin qui grimpe vers La Rozière. Passer devant la fontaine, continuer tout droit (laisser les routes à droite) et s'engager dans un large chemin. Le quitter 250 m plus bas pour emprunter un sentier étroit qui descend et remonte, passe derrière une première maison et près d'une seconde maison.

Espalion
St-Come-d'Olt
le Lot
Carte IGN 2438
0
1 km
GR 65
GR 6
GR 620
Variante non balisée
40
41
42
43
44
Alayrac
la Limagne
Recoules
la Lande
Calmont d'Olt
Bouquiès
Ayrolles
Carbonnelle
Flaujac
le Segala
la Brucaterie
Butel
Eglise de Perse
Puech de Vermus
Lévinhac
Combes
Fond du Pont
Saupiac
Saulieux
la Crouzette
Valette
Puech Long
Cassagnettes
Artisse
Couvent de Malet
la Rigaldie
Cinqpeyres
Grèzes
la Rozière
Levers
Martillergues
Sonilhac
Bonauberg
Raynals
Gilhodes
Rouzailles
Notre Dame d'Albiac
Albiac
Boussigues
Combret
Coste Vieille
Prince
Peyroutou
Malaterre
Carnejac
Rouilhouse
le Bousquet d'Olt
le Gircoules
Moulin de la Borie
la Borie
Brégous
la Combe
Banquets
Bans
Marjolet
la Pomarède
la Coutarie
Soulsac
la Coste
la Boriette
Bel-Air
la Guiraldie
Pussac
Falguières
Lasbinals
Bertholène
Galamans
la Garde
D 920
D 987
D 557
D 141
D 6
D 206
D 636
D 661
D 921
D 136

42 Suivre la route sur quelques mètres, puis s'engager à gauche sur un chemin qui passe entre les vieilles vignes (*vue sur Saint-Côme*). A l'intersection située en bas de la côte, tourner à droite pour entrer dans Cinqpeyres. Regagner Saint-Côme par un chemin parallèle à la D 587, se faufilant entre les maisons. Traverser la D 587 au carrefour et poursuivre. Passer sous la route et remonter la rue Mathat pour arriver sur la place de la Porte-Neuve de **Saint-Côme-d'Olt** (385 m).

De **Saint-Côme-d'Olt** à **Espalion**   6 km   1 h 40

A Espalion :

▶ Point de jonction avec le GR® 620, qui au Sud, se dirige vers Inières (topo-guide GR® 62-620 *Les Grands Causses du Rouergue*).

L'entrée du vieux chemin des pèlerins, dans Saint-Côme-d'Olt, est toujours très nette sur le terrain, surtout vue du pont de la route moderne qui l'enjambe. De là, on aperçoit la vieille église romane de la Bouysse (11e-13e siècle), dédiée à saint Pierre puis à Notre-Dame. Cette église est aujourd'hui désaffectée, mais elle servit longtemps de siège aux Pénitents blancs. A proximité, il existait
un hôpital où s'arrêtaient les pèlerins de Saint-Jacques. Il est mentionné dans les actes des 12e et 13e siècles. L'église paroissiale dédiée à saint Côme et saint Damien a été construite en 1522, agrandissant celle qui existait depuis le 13e siècle. Elle possède un curieux clocher hélicoïdal, un portail avec des vantaux sculptés Renaissance. C'était autrefois le siège d'un prieuré qui dépendait de l'évêché ; la séparation entre la cure et le prieuré eut lieu en 1493.
Dans la traversée du bourg fortifié de Saint-Côme, on passe au pied de nombreuses vieilles maisons dont certaines ont été bâties au 13e siècle.

Pour sortir de **Saint-Côme d'Olt**, prendre la rue du Terral et emprunter à droite la D 6 (direction Saint-Geniez). Franchir le pont sur le Lot et bifurquer à droite sur la route qui longe le Lot rive gauche sur 1,5 km.

▶ Départ à droite d'une variante non balisée (6 km - 1 h 30). Emprunter la petite route. Après le pont et avant le terrain de camping, prendre à gauche un large chemon qui aboutit à l'église de Perse.

43 S'engager à gauche dans un chemin qui monte en corniche au-dessus de la vallée du Lot, au milieu des hêtres, chênes et châtaigniers. Le GR® atteint la crête et passe à proximité de la ferme de Combrès. Emprunter une route qui conduit à Costes Vieille. Reprendre un chemin de terre, traverser une propriété privée (*passage autorisé exclusivement aux randonneurs pédestres*) en suivant la bordure du champ et passer non loin du point coté 483 (*hors GR à 15 mn : statue de la Vierge Notre-Dame-de-Vermus, point de vue au-dessus de la vallée du Lot*). Descendre, passer près d'une maison. Le chemin s'élargit et atteint un pont. *Vue sur l'église de Perse ; pour la visite : monter à gauche.*

44 Continuer tout droit et quitter le chemin de Perse pour passer entre les cafés et les platanes. Arriver près du Lot (*à droite : le Pont Vieux et le Vieux Palais*), traverser le square, prendre à droite la rue Saint-Joseph et déboucher sur la place du Plô. Poursuivre à droite rue Arthur Canel pour arriver rue Droite. Tourner à droite et longer le quai Henri-Affre, traverser le boulevard Joseph Poulenc entre le Pont-Neuf d'**Espalion** (342 m) et la pharmacie.

Une lame bien trempée

Les couteaux de Laguiole.
Photo CDT Aveyron.

Si les forgerons de la région savent travailler l'acier et monter les lames depuis le Moyen Age, on doit la création du fameux couteau « laguiole » à l'artisan Pierre Calmels en 1829. Depuis cinq générations, le secret de fabrication se transmet de père en fils. L'élaboration commence par la taille approximative d'une plaque d'acier et le façonnage de l'onglet, cette encoche qui servira à ouvrir le couteau. Suit la trempe de la lame, chauffée au rouge, frappée au marteau sur l'enclume puis plongée dans l'eau. C'est cette opération qui va donner à la lame sa résistance et la qualité de son tranchant, après l'affûtage sur une meule de grès tournant dans l'eau. Enfin, la lame est polie sur une roue faite de disques de bois recouverts de cuir. Le manche est façonné à la lime, au grattoir et au papier de verre, percé à l'archet, poli à la « frotte » (disque recouvert de pâte à polir), puis assemblé à la lame avec ressort et montures en laiton. Autrefois en ivoire, le manche est désormais en bois ou en corne, caractéristique par son aspect doux et brillant, légèrement recourbé. Alliant le côté pratique à l'élégance, le laguiole est encore fabriqué dans quelques ateliers de Laguiole (à 30 km de Nasbinals) et hors de la région.

Le sabot du Rouergue

Parmi les métiers en voie de disparition, le sabotier du Rouergue avait une renommée s'étendant loin sur les régions voisines. Généralement taillés dans le noyer, le hêtre ou l'aulne, les « aveyronnais » étaient façonnés selon trois techniques distinctes. Le sabotier pouvait utiliser une hache à manche court ou une herminette. Il pouvait aussi se servir d'un paroir, c'est-à-dire appliquer un système de levier à la lame, ou encore creuser le sabot à l'aide d'un ciseau à lame courbe et de cuillères à tranchants latéraux. Les sabots étaient conçus selon leur utilisation. Il y avait ceux pour bêcher, ceux pour travailler dans la vigne ou ceux pour le purin... Ils variaient d'une région à l'autre ; le talon était carré en Lozère ou triangulaire en Aveyron.

Sabotier du Rouergue.
Photo J.F. Salles.

L'habitat en Aveyron

L'étonnante variété du sol de la région a conduit la maison aveyronnaise à mêler harmonieusement les matériaux, granit, schiste et grès. La plupart des constructions respectent l'orientation au sud, qui commande la forme du toit et la disposition des pièces. La maison traditionnelle rouergate, coiffée de lauzes, possède un étage où se trouve la salle commune, à laquelle on accède par un escalier extérieur en pierre. La cave et les entrepôts occupent le rez-de-chaussée. Au second, un grenier servait à entreposer céréales et châtaignes. Le pays d'Olt se caractérise par ses belles demeures en pierre de taille aux teintes ocrées, dominées par un balcon abrité où l'on entassait autrefois les récoltes. La région conserve également quelques « Tavernals » ou « Tabernals », ces maisons de vigne en pierres sèches qui servaient d'abri et de remise pour les outils.

Maison de l'Aveyron. *Photo J.F. Salles.*

Le pays d'Olt

C'est l'ancienne appellation du Lot qui a donné son nom au pays d'Olt, petite région géographique servant de piédestal à l'Aubrac. Si la rivière a parfois creusé d'étroites gorges dans la roche cristalline, elle s'élargit souvent en de larges bassins aux paresseux méandres piqués de bourgs évoquant l'Olt de jadis : Saint-Côme-d'Olt, Saint-Geniez-d'Olt, Saint-Laurent-d'Olt. Tables volcaniques noirâtres, causses blancs surgissant en corniches, terres gréseuses et argileuses des « rougiers » surplombent le Lot. Des hautes terres ruissellent une kyrielle de rivières torrentueuses : les « boraldes » aux eaux pures et poissonneuses, véritable trait d'union entre Lot et Aubrac. La rive gauche, au soleil de l'adret, offre ses terrasses escarpées plantées de vignes. Décimé par le phylloxera, le vignoble parvint pourtant à se maintenir vers Estaing et Entraygues où il obtint l'appellation. Du passé, le pays d'Olt a conservé les vestiges de nombreux ponts jetés au-dessus du Lot pour faciliter le passage des pèlerins. Certains, comme à Espalion, sont pourvus d'avant-becs dans lesquels étaient placées des croix et des statues religieuses.

Saint-Côme-d'Olt. *Photo L. Olivier.*

Espalion
Estaing
Sébrazac
Bessuéjouls
Coubisou
Verrières
Alayrac
Nadailhac
Coudoustrines
Hauterive
Beauregard
GR 65
GR 6
44
45
46
47
0
1 km
Carte IGN 2438

D'Espalion à Saint-Pierre-de-Bessuéjouls   `3 km` `45 mn`

A Saint-Pierre-de-Bessuéjouls :

L'existence des seigneurs de Calmont et leur château fort, installés depuis le 10e siècle, domine les destinées de l'agglomération. Issus peut-être de fonctionnaires placés par Charlemagne pour le représenter en cette partie de son Etat, ces seigneurs puissants devaient maintenir leur tutelle jusqu'à la Révolution. Cependant, l'origine de la ville est encore plus ancienne car une voie romaine secondaire traversait le Lot à l'endroit où se trouve le pittoresque Vieux Pont. Celui-ci, construit sous Saint Louis en pierre rose, était gardé à l'entrée et à la sortie par des tours fortifiées. Il avait remplacé un ouvrage plus simple qui existait antérieurement, des substructures retrouvées sur les culées apportant la preuve que le passage était depuis longtemps utilisé.
Le musée Joseph Vaylet d'Espalion est installé dans le vieux palais construit en style Renaissance en 1572. Un grand nombre d'objets ayant trait à l'histoire et au folklore local y sont rassemblés. Une statue de bois de la Vierge allaitant est particulièrement intéressante, ainsi qu'une tête en basalte noir de saint Jacques le Majeur qui fut trouvée dans la région.

A **Espalion**, poursuivre le long du quai du 19 mars 1962, rester rive gauche. A la croix, bifurquer à gauche rue du Docteur Jean Capoulade entre les pavillons (*vue sur le château de Calmont*). Au carrefour, tourner à droite et suivre la rue Eugène Salettes, la quitter pour continuer sur le chemin de terre qui se rétrécit et atteint la D 556. La suivre sur 2 km.

45 Quitter la route à gauche pour une petite route menant à **Saint-Pierre-de-Bessuéjouls** (335 m).

De Saint-Pierre-de-Bessuéjouls à Estaing   `8 km` `2 h 15`

A Estaing :

A voir : la chapelle haute, romane, située au premier étage du clocher.

Le GR® franchit le vallon de **Bessuéjouls** et remonte par un sentier vers le Nord-Ouest sur le plateau, puis par un chemin goudronné, il gagne le hameau de Griffoul (*orthographié à tort Brissoul sur la carte IGN*). Un peu plus loin, prendre à droite (Nord) un chemin de terre descendant en lacets sur le château de Beauregard et sur Trédou.

46 A la hauteur du cimetière de Trédou, le GR® part à gauche vers Les Camps (*croix*). Là, tourner à droite et, par une route, puis une succession de chemins d'exploitation, rejoindre le village de Verrières (*vieilles demeures*). Emprunter la D 556 à gauche, puis la D 100 à droite.

47 S'engager à gauche sur un sentier menant à la D 556 que l'on emprunte jusqu'au pont d'**Estaing** (320 m).

Estaing et la tradition de la Saint-Fleuret

Les reliques de Saint-Fleuret. *Photo M. Wasielewski.*

Sur le tronçon Perse-Conques, déjà bien équipé, la fondation, en 1081, de Saint-Fleuret-d'Estaing paraît quelque peu superflue et son rôle dans l'organisation du chemin de Saint-Jacques pourrait être mis en doute si, outre la « croix d'Estaing », au pied de laquelle figure un jacquet agenouillé, on ne relevait la curieuse tradition locale de la procession de la Saint-Fleuret.

Le premier dimanche de juillet, jour de la fête du saint, une grande procession parcourt le bourg. Des personnages en ayant marqué l'histoire y figurent. On trouve parmi eux des pèlerins de Saint-Jacques.

Cette tradition est établie parce que la fête du saint local était d'ordinaire le jour choisi pour partir vers Saint-Jacques et atteindre la cité sainte le 25 juillet, jour de la fête de Jacques le Majeur. Lors des années saintes, le trajet (1 300 km) devait être couvert en 22 jours, soit à une cadence journalière de 59 kilomètres, ce qui correspond exactement au rythme du « Guide ».

Pèlerinages majeurs et pèlerinages mineurs

On range aujourd'hui dans la catégorie des pèlerinages « majeurs » les trois plus fameux pèlerinages de la chrétienté : Jérusalem, Rome et Saint-Jacques-de-Compostelle. Tous les autres pèlerinages sont donc « mineurs ».
Toutefois, la liste des pèlerinages majeurs n'a pas toujours été celle-ci. Au 14e siècle, dans le *De practica inquisitionis* de Bernard Gui, étaient cités comme « majeurs » les sanctuaires de Rome, Compostelle, Cantorbery (saint Thomas) et Cologne (les Trois Rois). L'auteur ne fournissait aucune explication.

L'aide au pèlerin

En théorie, tout chrétien doit accueillir le pèlerin avec générosité et lui offrir gîte et couvert. Cette obligation est rappelée par le « Guide » à travers quelques anecdotes comme celles situées à Nantua (en amont de la *via podiensis*) ou à Villeneuve, localité non identifiée. Ceux qui refusent cette charité due au pèlerin sont sanctionnés immédiatement par la Justice de Dieu. « A Nantua, qui est une ville située entre Genève et Lyon, un tisserand avait refusé du pain à un pèlerin de Saint-Jacques qui lui en demandait : il vit tout à coup sa toile tomber par terre, déchirée par le milieu. A Villeneuve, un pauvre pèlerin de Saint-Jacques s'adresse à une femme qui gardait du pain sous des cendres chaudes, lui demandant l'aumône pour l'amour de Dieu et du bienheureux Jacques ; elle lui répond qu'elle n'a pas de pain, à quoi le pèlerin répartit : « Plût au ciel que ton pain se change en pierre ! » Et, le pèlerin, s'étant éloigné de cette maison, se trouvait déjà à une grande distance quand cette méchante femme, s'approchant des cendres pour y prendre son pain, ne trouve à la place qu'une pierre ronde. Le cœur contrit, elle se met aussitôt à la recherche du pèlerin mais ne peut le trouver. »

Le pèlerin et les reliques

La foi de l'homme du Moyen Age est très concrète, à la limite de la superstition. Le croyant a besoin de voir, et même de toucher l'objet de sa dévotion, pour en constater la réalité. Cette mentalité explique largement le développement du culte des reliques et les récits épiques autour des inventions, transferts, achats, échanges et vols de reliques. Aussi, le moindre sanctuaire pouvant se targuer de posséder une insigne relique (un infime morceau du bois de la Vraie Croix, une dent ou un ossement quelconque d'un apôtre, une goutte du lait de la Vierge...) était-il assuré de voir affluer d'innombrables pèlerins en quête de pardon, de miracles et de merveilleux.

La cathédrale de Compostelle possède ainsi, chose rare, « le corps entier de saint Jacques »... Cependant, en cours de route, le pèlerin venu par la route de Saint-Gilles s'était vu montrer une relique du « chef de saint Jacques » par les chanoines de Saint-Sernin de Toulouse. Jean de Tournai s'en étonne d'abord puis admet, finalement, qu'un fragment de la tête de l'apôtre a pu en être détaché pour être transporté à Toulouse. Explication, à nos yeux, peu satisfaisante (la tête étant entière à Toulouse), mais suffisante pour Jean de Tournai.

Seuls les moines de Cîteaux, dès les années 1120, réagissent contre cette naïveté et tentent d'intellectualiser la religion. Ils ne sont guère suivis... Cependant, ils ne favorisent pas ce type de dévotion et restent en retrait du mouvement pèlerin : les abbayes cisterciennes ne constituent en aucun cas des lieux privilégiés d'accueil pour les pèlerins.

Pèlerins de Compostelle.
Photo Lauros-Giraudon.

Golinhac
le Cagnatié
les Planquettes
50
49
48
GR 65
GRP
GR 6
Cardonesques
D 519
D 135
D 920
D 656
D 20
D 46
D 97
Pradels
Rebonbigues
le Fouillade
la Peyre
Beauregard
Massip
les Vernhettes
la Prade
la Borie de Lagarde
Canteperdrix
Falguières
Castaillac
le Bouticou
Lot
le Lot
Lacombe
Grignac
Issac
la Garrigue
Crussac
la Peyrade
la Gache
la Souque
la Crouzette
Fombillou
la Roque
le Droc
la Croux
la Borie
Puechméja
le Jardy
le Serry
le Bancarel
Freyssinet
Galouze
la Coursière
Gailhac
Annat
Roulies
las Combes
Mas de St-Fleuret
la Chantelerie
Chapelle del Dol
Carmarans
Montegut
la Rouquette
l'Ouradou
Estaing
le Combayre
la Blanquerie
Mas del Rieu
Montaurou
Foncayrade
Camp Rial
Ruisseau de Luzane
Campredon
les Glassières
la Taurelle
la Gipponerie
le Soleillage
St-Rames
le Four
les Costes
le Brol
le Mas
Fabrègues
la Borie
le Puech
Lacaze
le Maynié
Fonteilles
la Bessière
Campuac
les Crozes
les Argentiès
la Lande
les Gandalgues
la Brousse
la Brevarie
le Barthas
les Devèzes
Lagarrigue
les Capelles
les Cazals
Croix de la Colombe
Caroul
la Force Haute
la Force Basse
Carte IGN 2438
0
1 km
Anterrieux
le Fau
la Pradelle
les Moulins
Murat
Beauregard
les Ayrals
les Cadès
Orsières
Comes
les Monts
le Coudol
les Favarèdes
le Cros
Fraunac
le Puech
Maiorac
Rau Teyssières

D'Estaing à Montegut　　　5 km　1 h 30

Ainsi que Saint-Côme et Espalion, Estaing peut être considéré comme un des points où les chemins venant du Nord-Est traversaient le Lot pour continuer sur Conques. Parmi les pèlerins qui avaient voulu éviter les embûches et les rigueurs de l'Aubrac, certains arrivaient directement à Estaing venant de Saint-Flour par Laguiole, d'autres étaient passés par Sainte-Geneviève-d'Argence et le plateau de la Viadène. Estaing a conservé bien vivant le souvenir du passage des pèlerins de Compostelle qui y ont laissé des traces. C'est d'abord la célèbre fête de la Saint-Fleuret qui a lieu tous les ans le premier dimanche de juillet depuis le 14e siècle. Saint-Fleuret, que la tradition présente comme un évêque du diocèse d'Auvergne, peut vraisemblablement être identifié avec Saint-Flour dont les reliques furent amenées à Estaing vers 1361-1368 par le cardinal Pierre d'Estaing. Il est devenu le patron de la ville et chaque année la fête est célébrée avec un faste particulier. Plusieurs centaines de personnages costumés représentent les membres du clergé et de l'illustre famille d'Estaing : ils suivent en procession l'antique buste relique du saint et parmi eux trois ou quatre participants habillés en pèlerins de Saint-Jacques avec le grand chapeau, la pèlerine garnie de coquilles ; ils sont munis de la gourde et du bourdon.

▶ Le sentier GR® 6 (*en tirets sur la carte*) offre une possibilité de variante (13 km - 3 h 30). Tout de suite après le pont, il passe devant la chapelle des Pèlerins pour prendre tout de suite à droite un vieux chemin qui monte sur le plateau. Il passe à **Campuac** (*hébergements*) et rejoint le GR® 65 à **Campagnac**.

Le GR® 65 ne traverse pas le pont, mais par une route, il longe la rive gauche du Lot jusqu'à La Rouquette. Poursuivre jusqu'au confluent avec le ruisseau de Luzane, le franchir sur un pont.

48 Sur l'autre rive, emprunter une route et un raccourci pour grimper à **Montegut** (400 m).

De Montegut à Golinhac　　　11 km　3 h

A Golinhac :

Utiliser un sentier abrupt qui rejoint une petite route ; laisser la maison à droite et, par une succession de petites routes et raccourcis en sentiers, grimper à **Montegut-Haut**. Emprunter la route passant à la Sansaguerie (*point d'eau au bord de la route*) puis au lieudit Le Mas.

49 Avant le hameau de Falguières, prendre à gauche un chemin direction générale Sud-Ouest, gagner Massip. A la sortie de ce hameau, descendre dans le bois et rejoindre le chemin (Nord-Ouest) conduisant à **Golinhac** (650 m).

: **Hors GR** pour **Le Battedou** :　30 mn
: *Au Battedou* :
: Emprunter à droite le sentier GR® de Pays *Lo Camin d'Olt*.

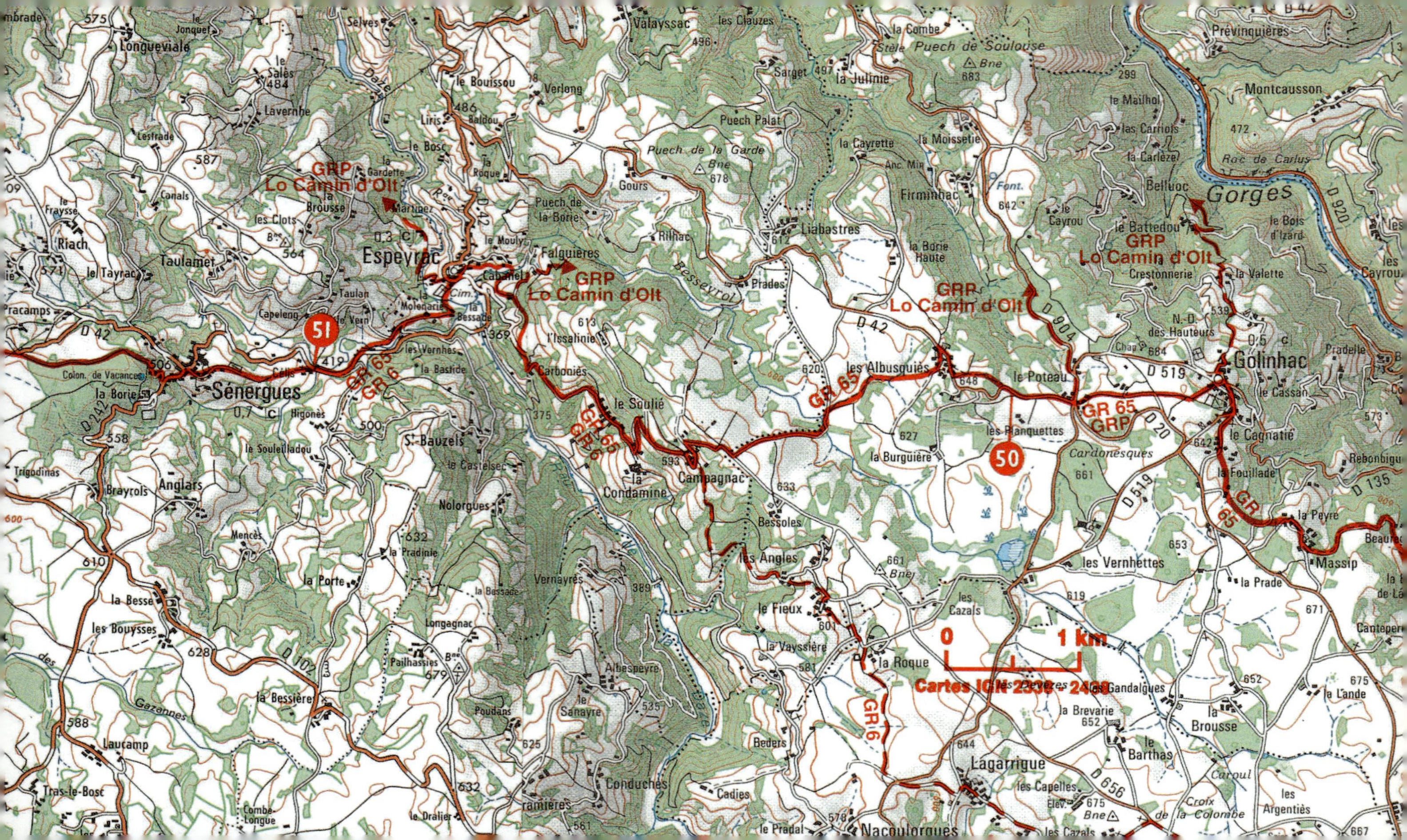

Espeyrac
Sénergues
Golinhac
GRP
Lo Camin d'Olt
GR 65
GR 6
GRP
51
50
0
1 km
Cartes IGN 2338 - 2438
Gorges
Longueviale
Taulamet
Riach
le Tayrac
Anglars
Brayrols
S. Bauzels
Nolorgues
Campagnac
la Condamine
le Soulié
les Albusquiès
le Poteau
les Planquettes
la Burguière
Bessoles
les Angles
le Fieux
la Roque
Lagarrigue
Nacoulorgues
les Vernhettes
la Brousse
Massip
le Cagnatié
Belluoc
Montcausson
Prévinquières
Firminhac
Liabastres
Falguières
Puech Palat
Puech de la Garde
Valayssac
Conduchés
Vernayrès
Albespeyre
le Sanayre
D 42
D 904
D 519
D 20
D 656
D 102
D 242
D 920
D 135

De Golinhac à Campagnac   5 km   1 h 15

L'église de Golinhac, dédiée à saint Martin, conserve des assises romanes d'un prieuré bénédictin qui dépendait au 11e siècle de l'abbaye de Conques.
A l'entrée du village au Sud-Est, une croix en pierre certifie la relation étroite avec le pèlerinage de Saint-Jacques. Sur une face du fût, un petit pèlerin sculpté dans la pierre tient fermement son bourdon dans la main droite. Le village était sur une voie de passage dès le 11e siècle, car un lieudit était intitulé l'Estrade.

Derrière le monument aux morts de **Golinhac**, le GR® 65 s'engage sur une route puis un chemin, entre deux murets, montant vers le Poteau. Emprunter en face la D 42.

50 Prendre à droite un chemin menant aux Albusquiès. Par une succession de chemins d'exploitation et de routes en direction du Sud-Ouest, gagner **Campagnac** (593 m).

De Campagnac à Espeyrac   3,5 km   1 h

A Espeyrac :

▶ Jonction avec la variante que constitue le sentier GR® 6 (*en tirets sur la carte*).

A **Campagnac**, le GR® emprunte vers l'Ouest la route desservant les hameaux du Soulié et de Carboniès. Après ce dernier, dans un virage, obliquer à droite sur un chemin, rejoindre la route de Falguières ; la suivre sur 50 m, puis bifurquer à gauche pour atteindre **Espeyrac** (369 m).

D'Espeyrac à Sénergues   3,5 km   1 h

A Sénergues :

A l'entrée d'Espeyrac, se trouve une vieille croix en pierre déplacée de quelques centaines de mètres ; son emplacement d'origine était situé un peu plus haut sur le chemin de Falguière. L'église Saint-Pierre rappelle le souvenir d'un prieuré qui dépendait de l'abbaye de Conques. Dans les miracles de Sainte-Foy, on cite l'aventure en 960 d'un pèlerin nommé Vuitbert, agressé par des bandits qui lui arrachèrent les yeux. Mais, miracle, ceux-ci furent recueillis par des oiseaux et emportés en direction de Conques. Aveugle, le malheureux se fit jongleur. Alors, sainte Foy lui apparut en songe et lui conseilla de retourner en pèlerinage. Au cours d'une veillée de prière, la foule entassée dans l'église de Conques manifesta une foi tellement intense qu'il recouvra la vue.

A **Espeyrac**, le GR® emprunte le chemin du cimetière d'Espeyrac, puis 800 m à gauche (Sud-Ouest) le chemin qui mène à la D 42. Suivre cette route à droite sur 500 m.

51 Après avoir franchi un pont en pierre, au lieu-dit Célis, prendre à gauche un chemin (Ouest) qui mène à **Sénergues** (506 m).

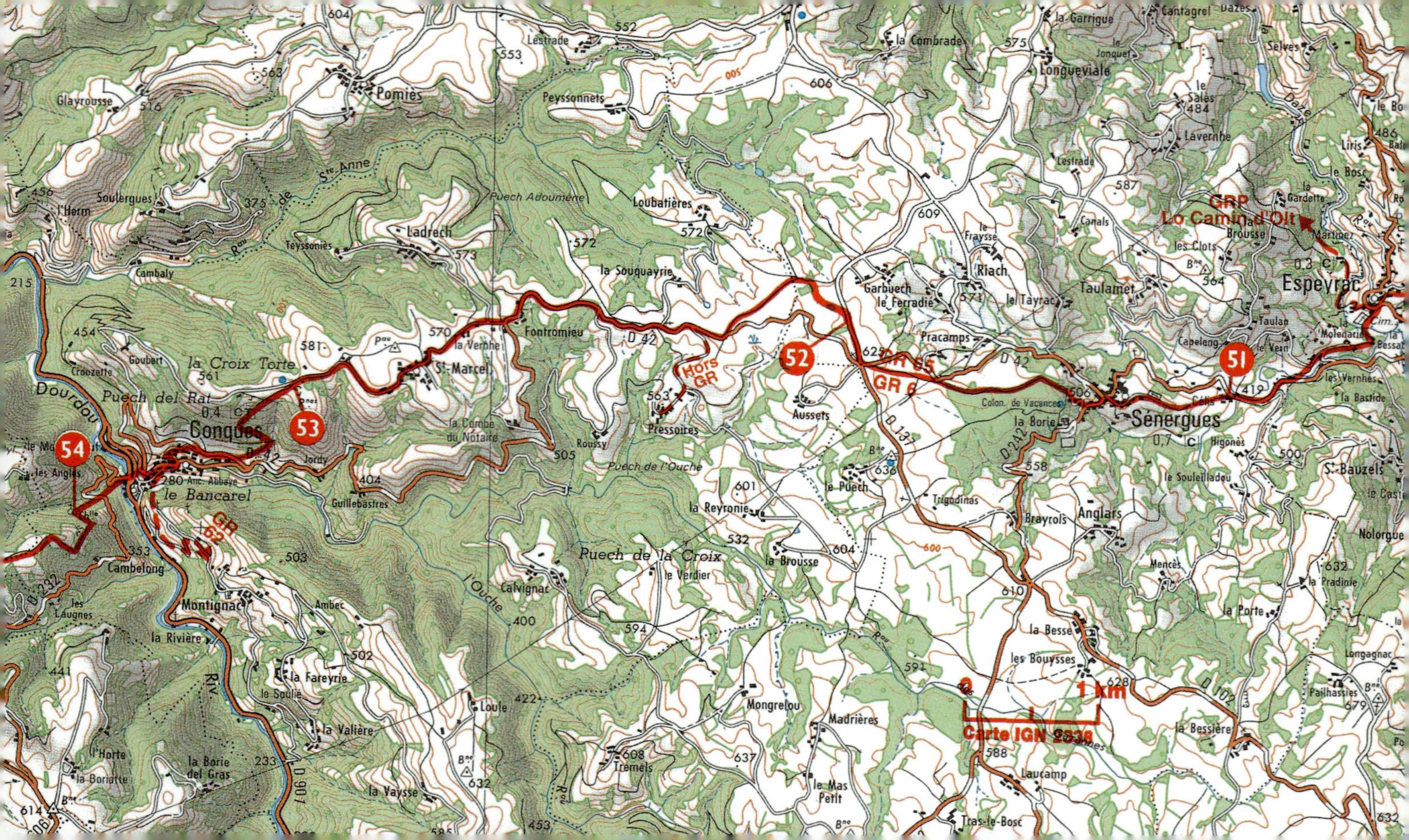

51
52
53
54
GRP
Lo Camin d'Olt
GR 65
GR 6
Hors GR
GR 62
Espeyrac
Sénergues
Conques
Pomiès
Longueviale
Peyssonnets
Loubatières
Ladrech
Soulergues
Glayrousse
Cambaly
Teyssonies
la Souquayrie
Fontromieu
St-Marcel
la Croix Torte
Puech del Rat
Dourdou
le Bancarel
Guillebastres
Cambelong
Montignac
la Rivière
la Fareyrie
la Valière
la Borie del Gras
la Vaysse
Puech de la Croix
Puech de l'Ouche
Puech Adoumène
Calvignac
Pressoires
Aussets
le Puech
la Reyronie
la Brousse
Mongrelou
Madrières
Tremels
le Mas Petit
Laucamp
la Besse
les Bouysses
la Bessière
Anglars
Brayrols
Trigodinas
la Borie
Colon. de Vacances
Garbuech
le Ferradié
Pracamps
Riach
le Tayrac
Taulamet
Canals
Lavernhe
la Combrade
la Garrigue
Cantagrel
Selves
Liris
le Bosc
la Gardette
Brousse
les Clots
Martinez
Capelang
Taulan
St-Bauzels
Higonès
le Soulelhadou
Mencès
la Porte
la Pradinie
Nolorgue
Longagnac
Pailhassiès
D 42
D 137
D 242
D 102
D 901
D 232
1 km
Carte IGN 2338

De Sénergues à la D 42 `3,5 km` `1 h 10`

Sénergues : église Saint-Martin, datant des 14e et 15 e siècles.
A noter sur la façade occidentale, les armoiries d'un abbé de Conques (16e siècle).
Château constitué d'une tour édifiée en 1388 et d'un corps de logis du 15e siècle.

Le GR® traverse le village de **Sénergues** vers l'Ouest et emprunte un chemin parallèle à la D 42, qu'il rejoint bientôt à un carrefour avec la D 137 (*marqué d'une croix*). Suivre à droite la D 137 sur 100 m.

(52) Emprunter à gauche un chemin qui retrouve la **D 42**.

> **Hors GR** pour **Pressoires** (563 m) : `15 mn`
>
> A Pressoires : 🛏
>
> Emprunter la petite route à gauche.

De la D 42 à Conques `5,5 km` `1 h 20`

A Conques : 🏠 🏛 🛒 ✕ ☕ ℹ ⛺ 🚌

Poursuivre la **D 42** jusqu'à Fontromieu (591 m). Le GR® quitte alors la D 42 pour suivre la route menant à Saint-Marcel (*toilettes et eau potable*) sur 2 km.

(53) A une ferme isolée, au Sud du lieudit La Croix-Torte, prendre à gauche un petit sentier descendant sur **Conques** (280 m).

La vue de Conques est saisissante pour qui vient de l'Est par la route. En descendant dans la combe encaissée de l'Ouche, on parvient sur le ravin perpendiculaire du Dourdou (qui se jette un peu au Nord dans le Lot) et on découvre la ville aux toits pointus où dominent les trois tours de la basilique Sainte-Foy.
Située au cœur de la vallée du Dourdou, l'abbatiale de Conques, construite au 9e siècle pour abriter les reliques de sainte Foy, attire rapidement de nombreux pèlerins à la suite de miracles répétés et devient une étape incontournable sur
le chemin de Saint-Jacques. Du 11e au 13e siècle, elle est reconstruite selon le plan des églises de pèlerinage. Face à la fontaine des Pèlerins, le portail s'orne d'un des plus importants tympans de l'art roman. Il a été sculpté sur le thème du Jugement dernier (1130-1135). Il est centré sur le Christ en majesté entouré de quatre anges. L'un des anges du registre intermédiaire du portail porte, sur sa robe, une inscription en « coufique fleuri », où les arabisants lisent : *Al Houm*, « à Dieu la louange ».
On trouve ailleurs : *Ma-ch'allah*, « ce que Dieu veut ».
La chapelle de Sainte-Foy abrite un remarquable retable en bois doré. Pour accéder à la salle du Trésor, on traverse l'ancien réfectoire des moines où l'on voit, accrochées aux murs, des cartes des chemins de Saint-Jacques. Sainte-Foy-de-Conques possède le plus riche trésor du Moyen Age conservé aujourd'hui. Une fabuleuse statue reliquaire en or du 10e siècle représente la sainte, vêtue de plaques d'or sur âme de bois. Elle est constellée de pierres précieuses et de trente-trois camées.
C'est la pièce principale d'un prestigieux trésor.

Conques

Abbatiale Sainte-Foy de Conques. 12e siècle. *Photo M. Wasielewski.*

« De même les Bourguignons et les Teutons qui vont à Saint-Jacques par la route du Puy doivent vénérer les reliques de sainte Foy, vierge et martyre, dont l'âme très sainte, après que les bourreaux lui eussent tranché la tête sur la montagne de la ville d'Agen, fut emportée au ciel par le chœur des anges sous la forme d'une colombe et couronnée des lauriers de l'immortalité. Enfin, le précieux corps de la bienheureuse Foy, vierge et martyre, fut enseveli avec honneur par les chrétiens dans une vallée appelée vulgairement Conques... »

La complicité d'Aimery Picaud avec les moines de Conques est évidente : sans nier que sainte Foy ait subi le martyre à Agen, il accrédite la thèse selon laquelle son corps a été sans plus tarder enseveli en Rouergue. Or, rien n'est plus faux, la sainte, martyrisée le 6 octobre 303, fut d'abord ensevelie à Agen.

C'est au 9e siècle que les moines de Conques décidèrent de s'emparer des précieuses reliques qui attiraient la foule des pèlerins. Ils dépêchèrent l'un des leurs à Agen. Ce dernier, après avoir vécu dans la communauté agenaise pendant plusieurs années, vola les reliques entre 877 et 883

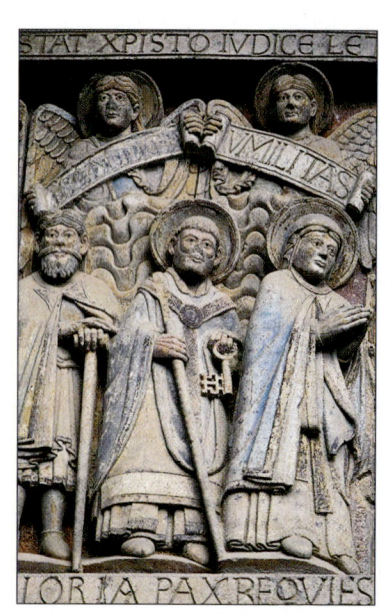

Détail du tympan. *Photo M. Wasielewski..*

La statue reliquaire de sainte Foy de Conques. *Photo M. Wasielewski.*

et les rapporta à Conques. Même si les vols de reliques étaient monnaie courante au Moyen Age, on comprend que Picaud préfère passer sous silence cet épisode, somme toute peu glorieux...

Le miracle de sainte Foy
Pourtant, la dévotion à sainte Foy resta quasi confidentielle jusqu'aux années 1012-1020 où fut rédigé le *Livre des miracles de sainte Foy* . Le rayonnement du sanctuaire s'accrut alors jusqu'aux contrées lointaines comme la Normandie ou l'Alsace.
Le roi Robert le Pieux y vint en 1029. L'abbatiale est édifiée de 1041 à 1052. Le cloître est construit entre 1087 et 1107. Mais, en ce début du 12e siècle, la renommée de Conques retomba. La rédaction du « Guide » tombait donc à point nommé pour la relancer et la lier à celle de Saint-Jacques-de-Compostelle. Tout laisse à penser que l'effort de promotion du sanctuaire rouergat par Aimery Picaud porta ses fruits.

Ce rayonnement dura jusqu'à la guerre de Cent Ans, qui provoqua une irrémédiable décadence du sanctuaire, se traduisant par sa sécularisation en 1537 et sa suppression en 1790. De nos jours, les Prémontrés ont succédé aux Bénédictins.

Pour les pèlerins, le temps fort de leur passage à Conques était la vénération de la statue-reliquaire de sainte Foy, ressemblant à s'y méprendre à une idole païenne. Bernard d'Angers évoque l'ambiance qui régnait dans le sanctuaire, à la limite du profane et de la superstition pour s'en indigner. L'abbé de Conques lui rétorqua que la prière des humbles, pour fruste qu'elle puisse être, pouvait être aussi agréable à Dieu que celle des prêtres ou des puissants.

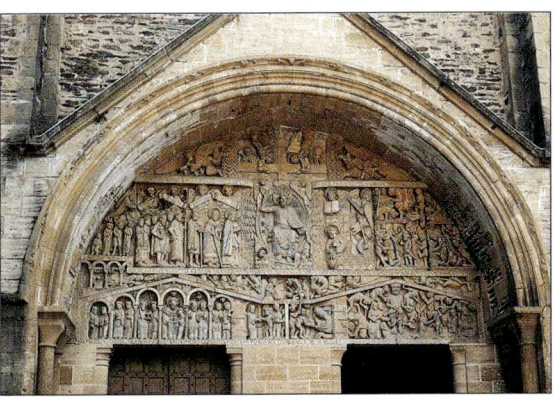

Tympan de Sainte-Foy.
Photo M. Wasielewski.

99

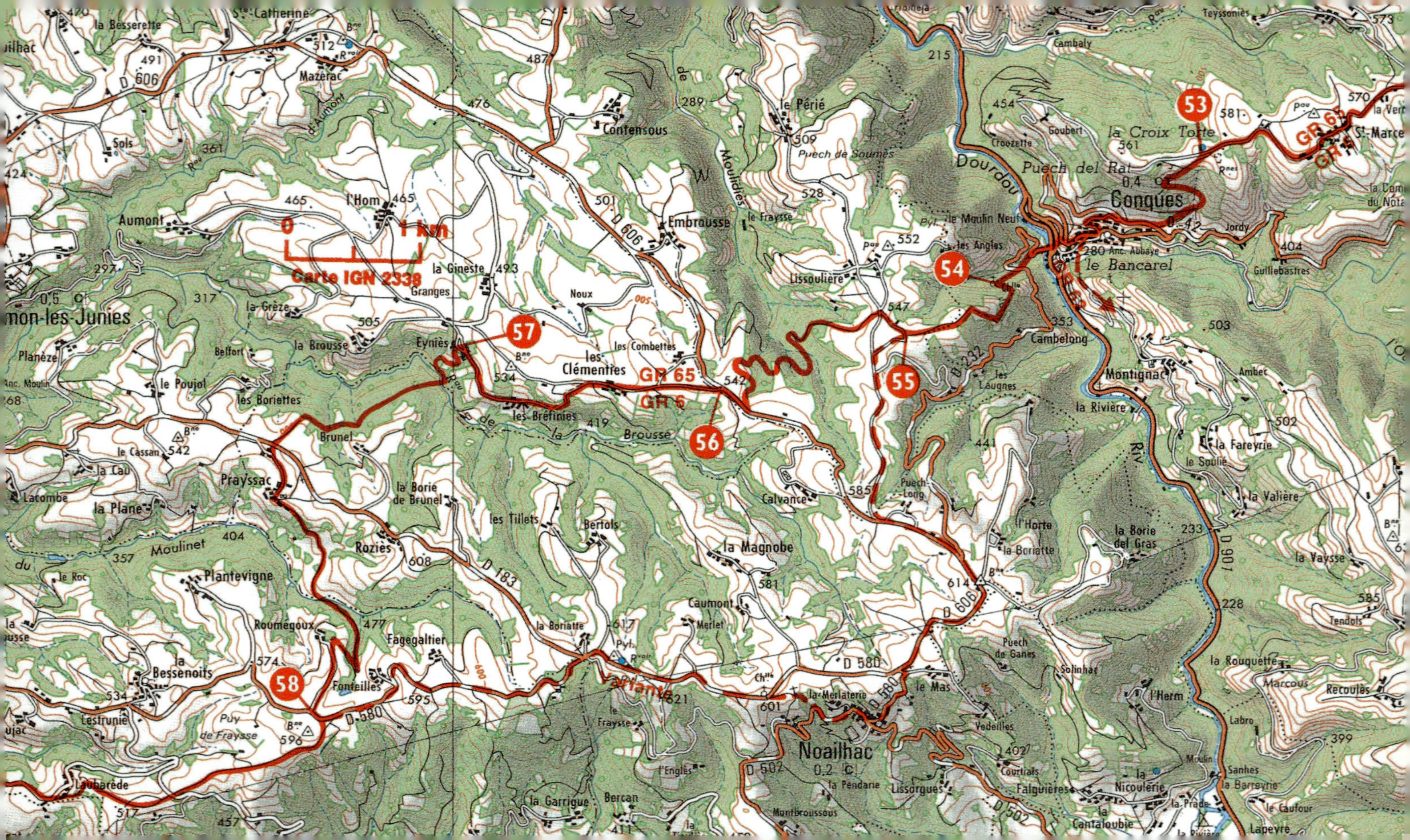

Conques
53
54
55
56
57
58
GR 65
GR 6
0
1 km
Carte IGN 2338
Noailhac
Variante
Dourdou
la Croix Torte
Puech del Rat
le Bancarel
St-Marcel
Cambelong
Montignac
la Rivière
Lissouliere
Embrousse
Contensous
le Périé
Puech de Soumes
Moulidies
le Moulin Neuf
les Angles
les Clémentries
les Combettes
Noux
les Bréfinies
Brousse
Eyniès
la Gineste
Granges
l'Hom
Aumont
Mazerac
Ste-Catherine
la Besserette
Sols
la Grèze
la Brousse
Belfort
le Poujol
les Boriettes
Brunel
Prayssac
la Borie de Brunel
Rozies
les Tillets
Bertols
la Magnobe
Calvance
Caumont
Merlet
la Boriatte
Fagegaltier
Fonteilles
Roumegoux
Plantevigne
la Bessenoits
Lestrunie
Puy de Fraysse
Laubarède
Moulinet
la Plane
le Cassan
la Cau
Lacombe
Planèze
le Fraysse
l'Englès
la Garrigue
Bercan
Montbroussous
la Pendarie
Lissorgues
la Merlaterie
le Mas
Vedeilles
Courtials
Falguières
la Nicoulerie
Cantaloubie
la Prade
Puech de Ganes
Solinhac
l'Herm
la Rouquette
Marcous
Recoulès
Labro
Sanhes
la Barreyrie
le Caufour
Lapeyre
Tendols
la Vaysse
la Valière
la Fareyrie
le Soulié
Ambec
Guillebastres
Jordy
Teyssonies
Cambaly
Goubert
Crouzette
l'Horte
la Borie del Gras
la Boriatte
Puech Long
les Laugnes
D 606
D 183
D 580
D 502
D 901
D 232

De Conques à la chapelle Sainte-Foy   1,5 km   30 mn

▶ Point de passage du GR® 62 (topo-guide *Les Grands Causses du Rouergue*).

Dans **Conques**, suivre le balisage (*compte tenu du site, ce balisage a été réalisé non à la peinture, mais avec des jalons de bois verni sur lesquels ont été gravés : GR® 65 et une coquille Saint-Jacques*) qui passe par la porte Vinzelle, devant l'abbatiale, emprunte la rue Charlemagne, la porte du Barry (*suivre toujours cette rue caractérisée par son « pavement »*) et arrive au pont des Roumieux (*pèlerins*) enjambant le Dourdou.
Franchir le pont et suivre la route sur quelques mètres pour prendre dans un tournant, à gauche, un sentier montant à la **chapelle Sainte-Foy**.

De la chapelle Sainte-Foy à une bifurcation   1,5 km   45 mn

Lieu de pèlerinage où une source miraculeuse était réputée pour les affections des yeux.

54 De la **chapelle Sainte-Foy**, continuer à monter jusqu'à la crête, traverser une piste forestière (*attention au balisage : deux champs cultivés suppriment le chemin sur une vingtaine de mètres*). Gagner une **bifurcation** (*pylône en béton*), départ de la variante de Noailhac.

Variante par Noailhac   5 km   1 h 15

A Noailhac :

A la bifurcation, prendre la voie goudronnée à gauche, continuer la route au Sud et poursuivre sur la D 606 à gauche jusqu'à Noailhac. De là, par La Merlaterie et la chapelle Saint-Roch, on peut rejoindre (en 5 km) le GR® au repère **58** (*voir tracé en tirets sur la carte*).
Saint Roch, que l'on représente toujours en pèlerin avec le bourdon et les coquilles, fut particulièrement invoqué au moment des épidémies de peste et, vers le 15e siècle, il prit la place de saint Jacques dans de nombreuses églises et chapelles autrefois dédiées à l'apôtre de l'Espagne. Pour cette raison, les chapelles et oratoires placés sous le nom de saint Roch ont une relation certaine avec les chemins de Saint-Jacques. Saint Roch était né à Montpellier en 1295. Au cours d'un voyage à Rome, il contracta la peste. Pour ne pas être à charge, il se réfugia dans une forêt, il habitait près d'une source et un chien lui apportait quotidiennement un pain qu'il dérobait à la table de son maître.

De la bifurcation à Prayssac   7,5 km   1 h 55

A Prayssac :

55 A la **bifurcation**, devant le totem FFRP-GDF, prendre le chemin à droite jusqu'à la petite route. La couper et emprunter la piste forestière jusqu'à la D 606. La suivre à droite jusqu'au croisement.

56 Continuer à gauche vers Les Clémenties. Après le hameau, suivre le chemin à gauche. Passer Les Bréfinies.

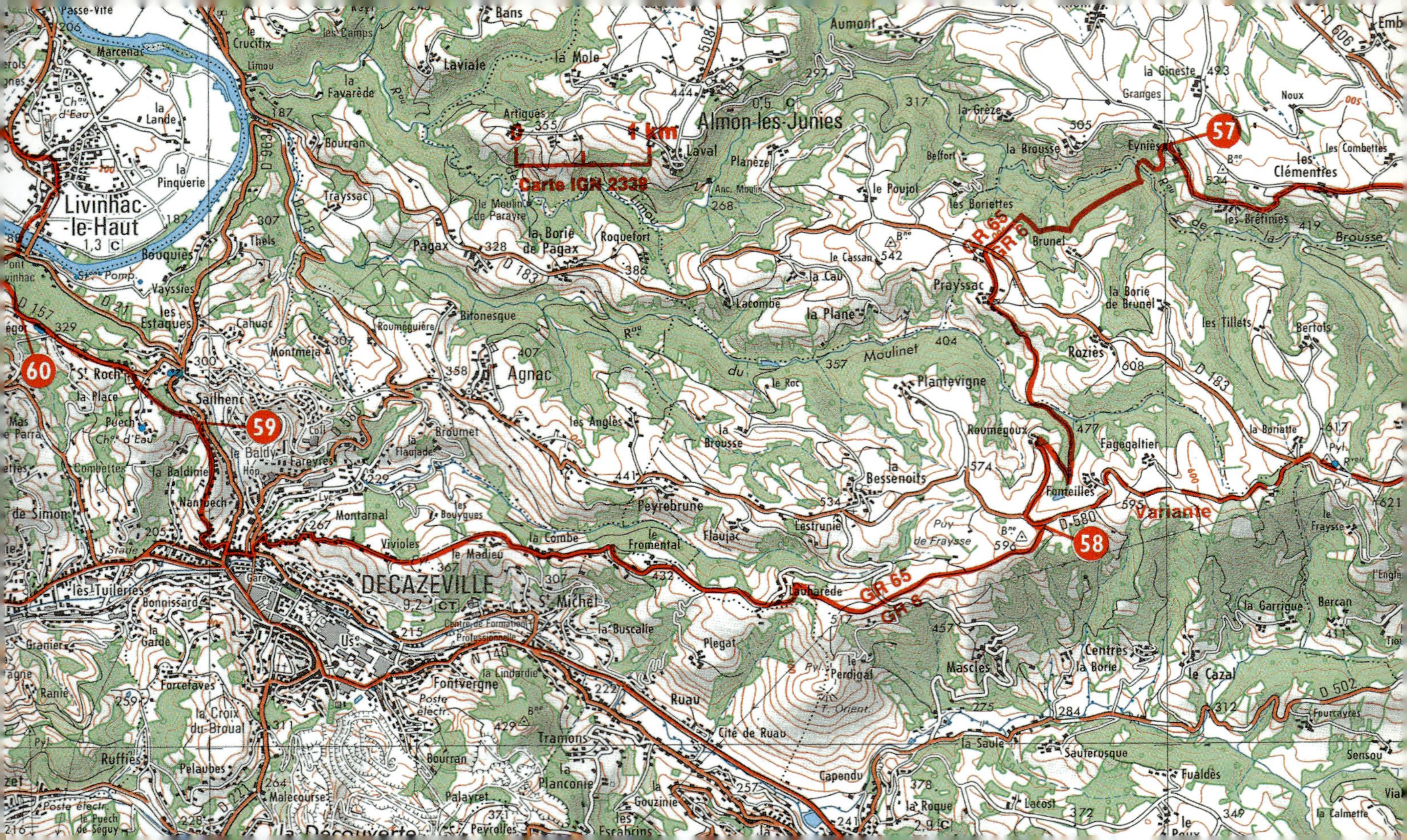

57 A Eyniès, traverser le hameau à gauche et suivre le chemin qui descend jusqu'au ruisseau. Le traverser sur une passerelle. Remonter le chemin jusqu'à la D 18 que l'on suit à droite sur quelques, pusi tourner à gauche pour atteindre **Prayssac**.

De **Prayssac** à **un carrefour**   2,5 km   35 mn

Traverser le hameau de **Prayssac**, puis celui de Roumegous pour rejoindre la D 580. La prendre à gauche sur 100 m. S'engager sur un chemin en face sur quelques mètres et gagner un **carrefour**, devant le totem FFRP-GDF.

Du **carrefour** à **Decazeville**   7 km   1 h 45

A Decazeville : 🏛 🛒 🚌 ℹ️ ☕ 🍴 *(à Buscalie-Haute :* 🏠 *)*

▶ Jonction avec la variante venant de Noailhac.

58 Au **carrefour**, prendre à droite un chemin de terre (*vue sur le bassin de Decazeville*). Couper une route et arriver au Sud de Laubarède. La route qu'emprunte le GR® 65 est appelé dans le pays *Lou Camin Conquet* et descend sur Decazeville. A Vivioles, ne pas prendre un des deux chemins de gauche mais celui de droite, qui se trouve à l'entrée du village, se dirigeant vers Montarnal, et gagner **Decazeville**.

La ville fut appelée ainsi au 19e siècle en souvenir du duc Decazes, ministre de l'Industrie sous Napoléon. Le duc Decazes a été le promoteur de l'industrie minière de ce bassin houiller. L'ancien nom, encore usité dans la région, était La Salle, qui indiquait, au Moyen Age, une maison forte de petite noblesse.
On transportait le charbon par le Lot vers Bordeaux dès le 16e siècle.
Louis XIV et ses successeurs donnaient en cadeau des mines à leurs maîtresses. Decazes hérita de plusieurs mines et put fonder en 1826, avec l'aide de Cabrol, un polytechnicien, les Houilleries et Fonderies de l'Aveyron.
Sous Napoléon III, la cité prit le nom de Decazeville et l'on fit édifier une statue du brillant homme.
Au début du 20e siècle, la mine employait plus de neuf mille ouvriers et fabriquait plus d'un million de tonnes de fonte par an.
Aujourd'hui ne subsiste qu'une seule mine à ciel ouvert : La Découverte que l'on peut visiter.
L'église de Decazeville est moderne, mais possède une peinture de Gustave Moreau : *Le Chemin de croix*.

La chapelle Saint-Roch à Noailhac.
Photo M. Wasielevski.

Cadence de marche des pèlerins médiévaux

Pèlerin sur le chemin. *Photo L. Olivier.*

Le marcheur contemporain estime avoir fait une bonne étape dès qu'il a parcouru 25 ou 30 kilomètres. Quelle était la cadence de marche du pèlerin médiéval ?

Dans les années 1140, le *Guide du pèlerin* propose treize étapes entre les ports de Cize et Compostelle, 14 de Borce (vallée d'Ossau) et Compostelle. La moyenne journalière est donc, dans les deux cas, proche de 59 kilomètres par jour. Certes deux étapes, d'une longueur exceptionnelle, Estelle-Najera (75 km) et Najera-Burgos (92 km) sont données comme devant être effectuées à cheval. Elles sont compensées par les étapes de Saint-Michel-en-Cize à Viscarret et Viscarret-Pampelune, d'une trentaine de kilomètres chacune, qualifiées de « courtes » ou « petites », tout comme celle de Palas-del-Rey à Saint-Jacques en dépit de ses 64 kilomètres. Approcher du but, d'évidence, raccourcit (au moins psychologiquement) la distance !

Mais, même en admettant que nos ancêtres aient été plus vaillants marcheurs que nous, le *Guide* n'était-il pas trop optimiste ? La réponse se trouve dans les itinéraires (récits de voyages) et certains textes juridiques.

Le plus connu (car édité en annexe du *Guide du pèlerin*) est celui de Nompar II de Caumont en 1417. Pour un voyage aller-retour de 58 jours (incluant le temps de faire le pèlerinage annexe à Notre-Dame-de-Finisterre, estimé à 3 jours), il a parcouru 2 000 km environ. Si l'on admet un séjour à Saint-Jacques de trois jours, cette distance aurait été couverte en 52 jours, soit, en moyenne, 38 kilomètres par jour. Moyenne inférieure à celle du *Guide* mais, à nos yeux, tout à fait honorable.

a donc été de 40-41 kilomètres par jour.

Les textes juridiques imposent des performances encore plus surprenantes. Ainsi le Fuero General de Navarra accorde-t-il un mois pour accomplir l'aller-retour Pampelune-Compostelle et seulement quinze jours pour se rendre à Rocamadour. Dans ces conditions, la moyenne journalière est de 48 kilomètres pour Compostelle et de 60 pour Rocamadour.

Le *Guide* n'exagérait donc pas les capacités de marcheurs de nos ancêtres. Il en résulte évidemment qu'un réseau hospitalier pouvait être considéré comme suffisant dès que les refuges étaient distants de 50 à 60 kilomètres et non d'une vingtaine comme nous le souhaitons de nos jours.

Sur les chemins de Haute-Loire.
Photo L. Olivier.

Nos ancêtres, d'excellents marcheurs
En 1479, Jean-de-Tournai, bourgeois de Valenciennes, entreprit le triple pèlerinage Jérusalem-Rome-Compostelle. Il décrit minutieusement chacune de ses étapes : sa moyenne quotidienne est proche de 43 kilomètres. Mais ce n'est qu'une moyenne. Il faut tenir compte des étapes écourtées à cause de circonstances exceptionnelles (notamment les intempéries) tandis que d'autres, effectuées dans de bonnes conditions, atteignent une soixantaine de kilomètres.

Quant au ponod Jean Jacmon, il a accompli son périple en 75 jours, desquels on peut décompter 3 jours d'arrêt à Compostelle : son rythme

La lettre de créance du pèlerin.
Photo L. Olivier.

105

Montmurat
Montredon
Feydel
62
LOT
Flagnac
0
1 km
Carte IGN 2338
61
Livinhac-le-Haut
Boisse-Penchot
LE LOT
Le Pont de Livinhac
60
GR 65
GR 6
59
Saint-Roch
Viviez
DECAZEVILLE
la Découverte
Port d'Agrès
Agrès
Roumegoux
Marcenac
les Espagnes
Perols
Bouquiès
Vayssies
Sailhenc
le Crouzet
Gabriac
Ruau Bas
Penchot
la Verrerie
Bourran
Fontvergne

De **Decazeville** à **Livinhac-le-Haut** 4 km 1 h

A Livinhac-le-Haut :

Dans **Decazeville**, prendre l'avenue Laromiguière, puis à gauche (Ouest) le chemin de Nantuech. Dépasser le chemin d'accès (croix) au hameau de La Baldinie, qu'il faut laisser à gauche.

59 S'engager à gauche sur un chemin rejoignant une route au lieudit Saint-Roch (chapelle et cimetière). Suivre la route vers le Nord-Ouest.

60 Après des réservoirs, en face d'une ferme, prendre à droite un sentier longeant un champ sur 50 m et descendant vers le Lot. Le franchir sur le nouveau pont pour entrer dans **Livinhac-le-Haut**.

De **Livinhac-le-Haut** à **Montredon** 6 km 1 h 30

A Montredon :

Livinhac, Flagnac : les deux suffixes en -ac sont d'origine gallo-romaine. Le h occitan est la marque d'un son mouillé : on devrait dire Livignac, même si les prononciations d'aujourd'hui sont souvent francisées.

Le qualificatif de Livinhac-le-Haut est nettement exagéré, car il est situé à peine au-dessus du Lot.

Sortir de **Livinhac-le-Haut** au lieudit Le Couderc pour emprunter la D 627 sur 200 m.

61 Tourner à droite, monter à Pérols où commence un chemin goudronné. Suivre la direction Le Thabor ; là, poursuivre par un chemin Nord-Ouest dans un bosquet de chênes.

62 Près de la ferme la Treille, suivre la D 21 sur quelques mètres à gauche, puis en passant par Feydel-Haut et Cagnac, gagner **Montredon**.

Petit village pittoresque étagé sur un mamelon et dominé par l'église Saint-Michel. C'est l'emplacement d'un prieuré Saint-Michel qui dépendait de l'abbaye de la Chaise-Dieu.

Dans le presbytère, sur le linteau de la porte, remarquer une croix de Malte sculptée, souvenir d'un établissement des Hospitaliers de Saint-Jean.

Au bas du village, la chapelle Notre-Dame dite du Carrefour, rebâtie en 1958, remplace une chapelle plus ancienne dont on conserve une statue de pierre fin 15e, classée en 1910. Le carrefour était autrefois le croisement de la route Bourges-Toulouse et du chemin de Figeac à Rodez, qui portait de Cahors à Rodez le nom de chemin Romipête.

62
63
64
65
66
67
68
GR 65
GR 6
0
1 km
Cartes IGN 2238 - 2338
Montredon
Montmurat
St-Félix
Felzins
St-Jean-Mirabel
Lentillac-St-Blaise
Cuzac
Boisse-Penchot
la Roque-Bouillac
Liffernet
la Contie
Mas Roux
Sournac
la Leguède
Laroquière
Guirande
le Terly
le Gévaudan
Levades
Bord
la Cipière
la Rajoulie
le Périé
Embals
Bel-Air
Tayrac
la Bourgade
le Cayla
les Vitarelles
le Communal
Raynal
Lacoste
Tournie
Puech d'Auzou
Lalaubie
Cagnac
Terrain d'Aviation
le Moulin de Bord
le Conquet
le Moulin de Vilhès
Mouty
la Vente
Malaret
la Romézie
Laromiguière
Plancat
Maison Neuve 427
Mendigou
Pataral
Ligonie
Laborie
les Plaines
Lescure
la Vaysse
la Combe
Feydel
225 kV
N 140
D 2
D 31
D 41
D 13
D 205
D 345
D 45
D 16
D 42

De Montredon à Saint-Félix   9 km 2 h 15

A Saint-Félix : ✖ *(le midi sur réservation)*

De la place de l'église de **Montredon**, descendre par une rue jusqu'à la route de Sournac, en contrebas du cimetière. Prendre cette route à droite. Passer à un carrefour (*croix*) dénommé Lalaubie. Continuer sur la route et s'engager à gauche sur la route montant au hameau de Tournié. Passer devant un puits creusé dans le rocher (*eau potable*).

63 A la sortie du hameau, tourner à gauche ; 50 m plus loin, tourner à droite pour arriver à la ferme de Lacoste (*clédo*). Suivre à gauche un chemin bordé de chênes sur 200 m. S'engager à droite sur une sente ravinée. Emprunter à gauche une route jusqu'à la chapelle de Guirande.

La chapelle romane Sainte-Madeleine conserve des peintures murales datant de la fin du 14e siècle. Au chevet, un Christ en majesté est entouré des symboles de saint Jean et de saint Mathieu, au-dessous de sainte Madeleine et de saint Namphaise.

64 De la chapelle de Guirande, tourner à droite sur la D 2 ; 10 m plus loin, prendre à droite une route montant au hameau de Guirande. A la dernière maison, suivre à droite un chemin creux bordé de chênes. Au carrefour en T, prendre à gauche, passer à côté du hangar de l'ancien aérodrome. Monter tout droit jusqu'à un abri de matériel agricole. Prendre le chemin de droite et rejoindre la D 41 ; la suivre sur la droite jusqu'au village du Terly.

65 Suivre à gauche une route qui devient chemin descendant. Franchir le ruisseau de Guirande *plan d'eau* (*risque d'inondation du GR® sur la digue*) et traverser la ferme du Gévaudan. Continuer sur 200 m.

66 Tourner à gauche et rejoindre le village de Bord. Tourner à droite sur une petite route. Devant la dernière grange, prendre à droite. Rejoindre une allée montant à la ferme de la Cipière (*tour carrée servant de pigeonnier*). Emprunter la route d'accès à la ferme pour rejoindre la D 2. La suivre à gauche sur 400 m. Au carrefour, prendre à droite la route conduisant à l'église de **Saint-Félix.**

De Saint-Félix à la route D 2   1,5 km 20 mn

Eglise romane Sainte-Radegonde, possession de l'abbaye de Figeac : le tympan historié du 11e représente Adam et Eve devant l'Arbre et le Serpent. Un sarcophage est accolé au flanc Ouest. A l'intérieur : croix en fer forgé de 1783 et vitrail représentant saint Jacques.

Juste après l'église de **Saint-Félix**, tourner à gauche derrière la première maison. Traverser la cour derrière le restaurant et suivre une sente aboutissant à un chemin d'exploitation. Le suivre à droite, puis prendre à droite une route jusqu'au carrefour et à la ferme dénommée la Croix de Jordy.

67 Tourner à gauche sur 50 mètres et prendre le sentier montant à droite. Il rejoint une route qui dessert un lotissement ; la suivre à droite jusqu'à la D 205. L'emprunter à gauche sur 100 m et s'engager à droite dans un chemin creux aboutissant à la **route D 2**.

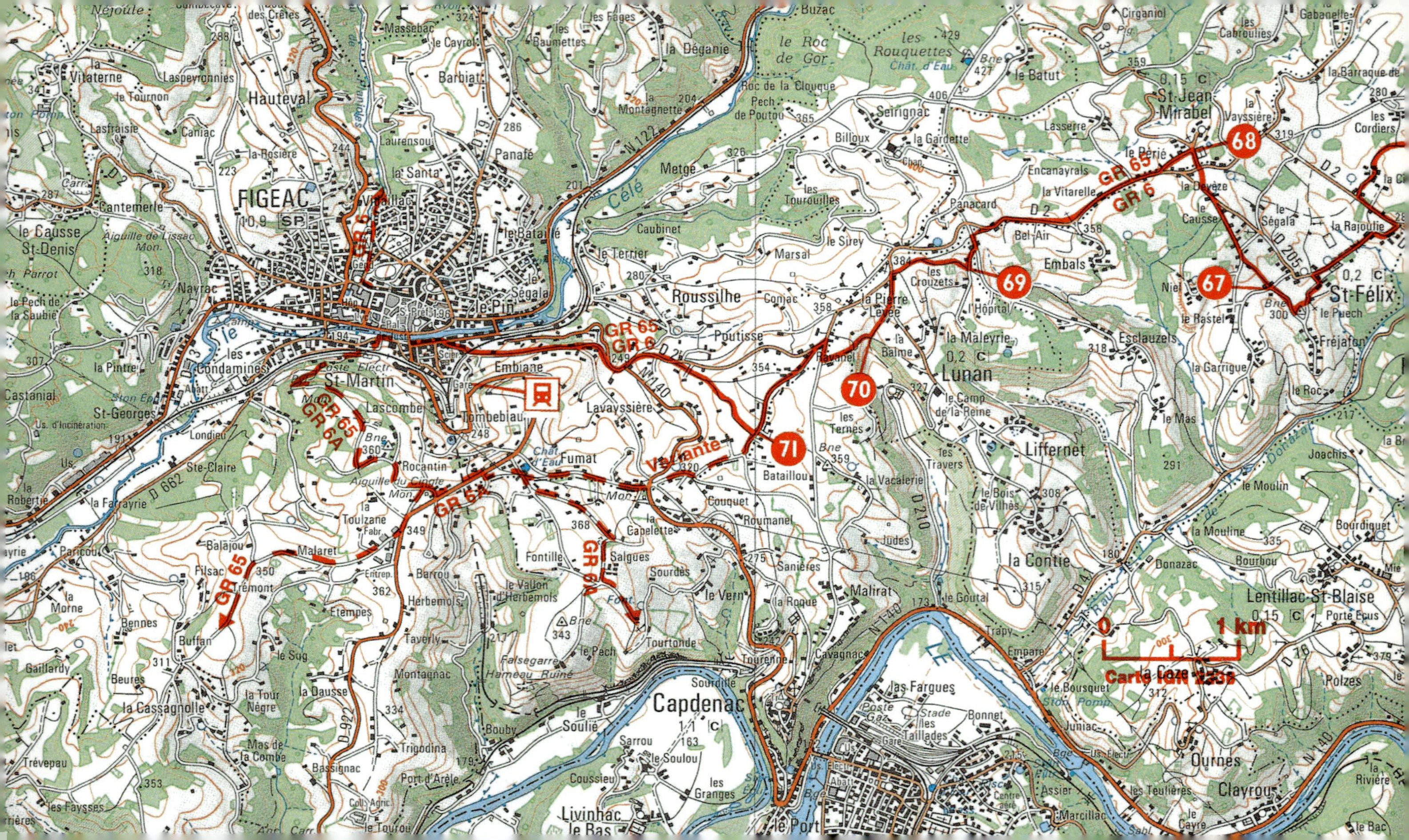

FIGEAC
Capdenac
St-Félix
St-Jean Mirabel
Lunan
Liffernet
Roussilhe
Lentillac-St-Blaise
Hauteval
St-Martin
Livinhac le Bas
68
67
69
70
71
GR 65
GR 6
GR 6A
Variante
0
1 km
Carte IGN 2238

De la route D 2 au carrefour de sentiers `3 km` `45 mn`

> **Hors GR pour Saint-Jean-Mirabel** `5 mn`
>
> A voir : église. Un tympan sculpté du 13e siècle représente le Christ en croix entre la Vierge et saint Jean ainsi que les symboles de la lune et du soleil

68 Le GR® emprunte à gauche la **route D 2** vers l'Ouest sur 1,5 km. Au lieudit Bel-Air, s'engager à gauche sur un sentier herbeux débouchant sur une route. La suivre à gauche ; 50 m plus loin, tourner à droite dans un chemin empierré. Continuer sur 300 m.

69 Bifurquer à droite dans un chemin rejoignant le carrefour des D 2 et D 210 à La Pierre-Levée. Emprunter la D 210 à gauche ; 250 m plus loin, s'engager à droite sur un chemin goudronné aboutissant à un **carrefour de sentiers** (327 m).

Du carrefour de sentiers à Figeac `5 km` `1 h 15`

A Figeac :

> **Hors GR pour l'église de Lunan** `10 mn`
>
> Descendre par le sentier Sud-Est.
> Eglise Saint-Martin qui aurait été fondée par Clovis ; elle fut rénovée par saint Didier. Le petit monastère qui existait alors, aurait été construit par Agarn ou Angar, l'évêque de Cahors, pour le roi d'Aquitaine Pépin 1er. Celui-ci le donna à l'abbaye de Conques qui le passa ensuite à l'abbaye de Figeac. Ce lieu, riche en souvenirs, qui passe pour avoir été ravagé par les flots des Eaux a eu à subir la dévastation des Sarrasins au 8e siècle.

70 Au **carrefour de sentiers**, le GR® prend vers l'Ouest le premier sentier sur la droite qui monte et rejoint le V 1 (*à gauche, Capdenac : 3 km*). L'emprunter à droite jusqu'à la D 2 qu'il faut suivre à gauche ; 100 m plus loin, s'engager à gauche sur une route et la suivre sur 800 m environ jusqu'au panneau indiquant le lieudit Pipy.

> **Variante GR® 6A pour l'Aiguille du Cingle** `4 km` `1 h`
>
> *Voir tracé en tirets sur la carte.*
>
> **GR® 65 de l'Aiguille du Cingle à La Cassagnole** `2,5 km` `30 mn`
>
> Suivre le GR® 65 vers le Sud-Ouest.

71 Au panneau indiquant le lieudit Pipy, tourner à droite sur un chemin descendant la D 2. La suivre à gauche. Traverser la N 140, prendre à droite et s'engager sur une petite route à gauche, puis un peu plus loin, tourner à droite. Traverser une voie ferrée et un peu plus loin, prendre à gauche l'allée Victor-Hugo ; 250 m plus loin, descendre à droite vers le Célé. Laisser le GR® 65 en rive gauche, franchir le Célé et entrer dans **Figeac**.

Index des noms de lieux

Aubrac	71, 81	Monistrol-d'Allier	49
Aumont-Aubrac	61	Montaure	49
Bains	43	Montbonnet	39
Battedou (Le)	93	Montgros	67
Belvezet	81	Montredon	107
Campagnac	95	Nasbinals	71
Cassagnole (La)	111	Noailhac	101
Chanaleilles	53	Prayssac	101
Chaze-de-Peyre (La)	61	Pressoires	97
Clauze (La)	53	Prinsuéjols	65
Conques	97	Puy-en-Velay (Le)	31
Contaldès	53	Quatre-Chemins (Les)	65
Decazeville	103	Rieutort-d'Aubrac	67, 75
Espalion	85	Rochegude	49
Espeyrac	95	Saint-Alban-sur-Limagnole	59
Estaing	89	Saint-Andéol (lac)	75
Estrets (Les)	59	Saint-Chély-d'Aubrac	81
Falzet (Le)	53	Saint-Christophe-sur-Dolaizon	35
Faux (Les)	55	Saint-Côme-d'Olt	83
Figeac	111	Saint-Félix	109
Gentianes (Ferme des)	65	Saint-Jean-Mirabel	109
Golinhac	93	Saint-Pierre-de-Bessuéjouls	89
La Roche (Haute-Loire)	35	Saint-Privat-d'Allier	45
Lasbros	65	Saugues	51
Livinhac-le-Haut	107	Sauvage (Domaine du)	55
Malbouzon	67	Sénergues	97
Marchastel	75		

Direction des éditions et coordination générale : Dominique Gengembre. **Secrétariat d'édition :** Nicolas Vincent, Janine Massard, Philippe Lambert. **Maquette :** Nicolas Vincent. **Lecture et corrections :** Brigitte Bourrelier, Jean-Pierre Feuvrier, Elisabeth Gerson, Anne-Marie Minvielle, Hélène Pagot et Gérard Peter. **Cartographie :** Olivier Cariot et Frédéric Luc. **Suivi de fabrication :** Jérôme Bazin, Delphine Sauvanet et Matthieu Avrain.

Toute représentation ou reproduction, par quelque procédé que ce soit, constituerait une contrefaçon sanctionnée par les articles L. 335-2 et suivants du Code de la propriété intellectuelle.
Les extraits de cartes figurant dans cet ouvrage sont la propriété de l'Institut Géographique National. Leur reproduction dans cet ouvrage est autorisé par celui-ci.
Le tracé de l'itinéraire sur les fonds de carte IGN est la propriété de la FFRP.
Topo-guide des sentiers de Grande Randonnée®, Sentiers de Grande Randonnée®, GR®, GR® Pays, PR®, « à pied® », « les environs de... à pied® », ainsi que les signes de couleur blanc-rouge , et jaune-rouge qui balisent les sentiers sont des marques déposées.
L'utilisation sans autorisation de ces marques ferait l'objet de poursuites en contrefaçon de la part de la FFRP.

2e édition : avril 2002
© FFRP-CNSGR 2002 - ISBN 2 85 699 920-4 - © IGN 2002
Dépôt légal : octobre 2002
Compogravure : MCP (Orléans)
Impression : Jouve (Mayenne)